AF535664

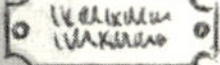

SABINE STÄDING

JOHNNY SINCLAIR

Weitere Titel der Autorin:

Magnolia Steel – Hexendämmerung

Magnolia Steel – Hexenflüstern

Magnolia Steel – Hexennebel

Anna und die flüsternden Stimmen

Petronella Apfelmus – Verhext und festgeklebt

Petronella Apfelmus – Zauberschlaf und Knallfroschchaos

Petronella Apfelmus – Schneeballschlacht und Wichtelstreiche

Petronella Apfelmus – Zauberhut und Bienenstich

Petronella Apfelmus – Hexenbuch und Schnüffelnase

Petronella Apfelmus – Überraschungsfest für Lucius

13 Weihnachtstrolle machen Ärger

SABINE STÄDING

Mit Illustrationen von Mareikje Vogler

BAUMHAUS

Für Tjark, der Greyman Castle
den Namen gegeben hat

Dieser Titel ist auch als E-Book erschienen.

Originalausgabe

»Johnny Sinclair« und das dazugehörige Logo sind eine Schöpfung der Bastei Lübbe AG und geschützt. »Geisterjäger«, »John Sinclair« und »Geisterjäger John Sinclair« sind eingetragene Marken. Die Figur John Sinclair ist eine Schöpfung von Jason Dark.

Copyright © 2018 by Bastei Lübbe AG, Köln

Umschlaggestaltung: Mareikje Vogler/Götz Rohloff
Umschlagmotiv: Mareikje Vogler, Hamburg
Layout und Satz: Götz Rohloff - Die Buchmacher, Köln
Gesetzt aus der Fabiol
Druck und Einband: CPI books GmbH, Leck - Germany

Printed in Germany
ISBN 978-3-8339-0539-1

5 4 3 2 1

Sie finden uns im Internet unter www.baumhaus-verlag.de
Bitte beachten Sie auch www.luebbe.de

Ein verlagsneues Buch kostet in Deutschland und Österreich jeweils überall dasselbe. Damit die kulturelle Vielfalt erhalten und für die Leser bezahlbar bleibt, gibt es die gesetzliche Buchpreisbindung. Ob im Internet, in der Großbuchhandlung, beim lokalen Buchhändler, im Dorf oder in der Großstadt – überall bekommen Sie Ihre verlagsneuen Bücher zum selben Preis.

1. Kapitel

Morgenstund und nichts läuft rund

Johnny streckte sich genüsslich. Die Sonne war längst über Greyman Castle aufgegangen und linste freundlich zu ihm ins Zimmer. Heute war ein guter Tag. Die beiden ersten Unterrichtsstunden fielen aus, und er konnte sich mit dem Aufstehen Zeit lassen.

Sofort wanderten seine Gedanken zu jenem denkwürdigen Moment, an dem Millie Edwards ihn als Geisterjäger beauftragt hatte. Es war sein erster Auftrag. Johnny lächelte zufrie-

den. Genau genommen war es nicht weiter verwunderlich, dass Millie all ihre Hoffnung auf ihn setzte. Schließlich hatte er mit den Geistern von Greyman Castle kurzen Prozess gemacht. Das Echo in den Medien war gigantisch gewesen und hatte letztlich dazu geführt, dass Millie Edwards sich noch am selben Abend auf ihr Rad geschwungen hatte, um ihn bei einem kniffligen Geisterproblem um Hilfe zu bitten. Worum es dabei genau ging, wollte sie ihm heute Morgen in der Schule erzählen.

Und genau deshalb schlug Johnny jetzt auch die Bettdecke zurück und stand auf. Beim Anziehen warf er einen Blick aus dem Fenster. Auf den Zinnen der Wehrgänge putzten sich die Tauben, und unten im Hof parkte bereits Mrs Adams' Fahrrad. Was bedeutete, dass das Frühstück jeden Moment fertig sein musste.

Gut gelaunt warf sich Johnny ein Handtuch über die Schulter und machte sich auf den Weg ins Bad. Aus reiner Gewohnheit öffnete er seine Zimmertür ganz leise und spähte vorsichtig hinaus auf den langen Flur. Bis vor Kurzem war hier noch der schwertschwingende Highlander herumgerannt, aber seit seiner Vertreibung herrschte Ruhe auf den Fluren von Greyman Castle.

Johnny putzte sich die Zähne und spritzte sich gerade so viel Wasser ins Gesicht, dass jeder sehen konnte, dass er sich gewaschen hatte. Dann war er bereit für den Tag.

Während er die Treppe hinunterlief, flogen seine Gedanken noch einmal zurück zu den unglaublichen Ereignissen der letzten Tage. Wenn man es genau nahm, hatte alles mit dem alten sprechenden Schädel angefangen, den er im Moor gefunden hatte. Erasmus von Rothenburg war nach eigenen Angaben ein begnadeter Magier und Alchemist, der zu Lebzeiten an nichts Geringerem als an einer Formel für das ewige Leben geforscht hatte. Und irgendwie hatte es ja auch geklappt mit dem ewigen Leben, denn selbst als Schädel war Erasmus noch sehr lebendig und ein Quell an Wissen und Weisheit.

Johnny rümpfte die Nase. Manchmal ging ihm Erasmus mit seiner ständigen Besserwisserei ziemlich auf die Nerven. Doch damit musste er wohl leben. Immerhin war es auch ihm zu verdanken, dass es Johnny und Russell gelungen war, die Geister von der Burg zu vertreiben. Ansonsten war der Schädel glücklicherweise recht pflegeleicht. Am liebsten saß er in der Bibliothek und las in all den verstaubten Wälzern, die sich über die Jahrhunderte dort angesammelt hatten.

Mit Schwung stürmte Johnny in die Küche. Hier war es warm und roch herrlich nach Rührei und gebratenem Speck.

»Guten Morgen, Mrs Adams! Oh, hallo, Cécile!«, begrüßte er die beiden Frauen, die zusammen am Küchentisch saßen. Als er hereinkam, schob Mrs Adams ihren Stuhl zurück und stand umständlich auf.

»Guten Morgen, junger Lord. Möchtest du heute Porridge oder Rührei auf Toast?«

»Rührei auf Toast, bitte«, antwortete Johnny und setzte sich zu Cécile an den Tisch. Cécile war sein Kindermädchen. Und obwohl Johnny längst der Meinung war, kein Kindermädchen mehr zu brauchen, blieb sie bei ihm auf der Burg, solange seine Eltern auf Reisen waren. Sie arbeiteten als Ethnologen und waren ständig unterwegs.

Johnny mochte sein haitianisches Kindermädchen sehr. Denn Cécile war nicht nur seine Vertraute, sondern auch eine echte Mambo, eine Voodoo-Priesterin. Zumindest behauptete sie das von sich.

»Na, wie fühlt man sich so als Langschläfer?«, fragte sie jetzt mit einem Augenzwinkern. »Ich wünschte, bei mir würden auch mal ein paar Stunden ausfallen.« Sie lachte ein dunkles, rollendes Lachen.

Johnny grinste und zuckte mit den Schultern. Das mit den ausgefallenen Stunden hatte natürlich seine Vorteile. Doch gerade heute brannte er darauf, Russell, seinem besten Freund und Assistenten, von ihrem ersten offiziellen Auftrag als Geisterjäger zu erzählen.

»Wenn du mit dem Frühstück fertig bist, komm runter in den Hof«, sagte Cécile und stand auf. »Ich muss noch zur Post und kann dich vor der Schule absetzen.«

»Mach ich«, nuschelte Johnny und schob sich die letzte Ga-

bel Rührei in den Mund. Dann flitzte er rauf in sein Zimmer und schnappte sich seinen Rucksack. Kurz dachte er daran, bei Erasmus in der Bibliothek vorbeizuschauen, dann entschied er sich dagegen. Der Schädel würde ihn bloß mit endlosen Monologen aufhalten. Also lief er runter in den Hof und stieg in den alten Bentley, der an der Toreinfahrt auf ihn wartete.

Cécile gab Gas, und sie sausten los Richtung Blacktooth, der Stadt, in der Johnny zur Schule ging. Die hügelige Landschaft flog nur so an ihnen vorbei, und bereits fünfzehn Minuten später hatten sie ihr Ziel erreicht. Cécile hielt an der Bushaltestelle vor der Schule und ließ Johnny aussteigen.

»Bis heute Nachmittag!«, rief sie und winkte ihm durch das geöffnete Fenster zu. »Und tu nichts, was ich nicht auch tun würde!« Dann gab sie wieder Gas und brauste mit quietschenden Reifen davon.

»Alles klar, komm gut nach Hause!«, rief Johnny ihr schlapp hinterher und reihte sich in die Schar der Schüler ein, die fröhlich schwatzend durch das Tor der alten Schule drängten.

Für die dritte Stunde war er früh dran. Also postierte er sich neben dem Eingangsportal und hielt nach Russell Ausschau. Er brauchte nicht lange auf seinen Freund zu warten. Wie immer hatte er etwas zu essen in der Hand. Russell behauptete, sein Blutzuckerspiegel würde abstürzen, wenn er nicht regelmäßig etwas Süßes zu sich nahm. Und er wollte unter keinen Umständen vor der ganzen Klasse ohnmächtig werden.

»Guten Morgen, Alter!«, nuschelte er mit einem Schokocroissant zwischen den Zähnen, als er Johnny entdeckte.

»Es gibt gigantische Neuigkeiten!« Johnny zog Russell aufgeregt zur Seite.

»Das kannst du laut sagen«, schmatzte sein Freund. »Meine Eltern haben mir nämlich den Kontakt mit dir verboten. Ich konnte meine Mutter gerade noch davon abhalten, zum Rektor zu gehen, um mich in eine andere Klasse versetzen zu lassen.«

»Das ist nicht dein Ernst!?« Johnny starrte seinen Freund fassungslos an. Wenn das, was Russell gerade gesagt hatte, stimmte, wäre es eine Katastrophe. Nicht nur, dass ihre Freundschaft auf dem Spiel stand. Wo, bitte schön, sollte er einen neuen Assistenten auftreiben, wenn Russell ihn nicht mehr unterstützen durfte?

»Doch, ist es. Ich schwöre!« Russell hielt feierlich zwei Finger hoch. Dann grinste er. »Aber wir müssen uns ja nicht daran halten. Wir könnten uns zum Beispiel, ganz konspirativ, nur noch nachts an geheimen Orten treffen.« Seine Augen leuchteten. »Natürlich dürften wir in der Öffentlichkeit nicht mehr miteinander reden. Aber wir könnten verschlüsselte Botschaften austauschen, die wir gleich nach dem Lesen wieder vernichten«, überlegte Russell munter weiter.

Johnny hörte nur mit halbem Ohr zu. Seine Gedanken kreisten wie wild um den Verlust seines Assistenten. Da hatte man gerade seinen ersten Auftrag in der Tasche und stand auf einen

Schlag ohne Assistenten da! Missmutig sah er seinen Freund an. Doch der kramte gerade auf der Suche nach einem Feuchttuch in seinem Rucksack, um seine Schokofinger daran abzuwischen.

»Und was gibt es bei dir Neues?«, fragte er, während er das Tuch ordentlich in den Papierkorb warf.

»Was?« Johnny sah ihn verwirrt an.

»Du hast eben gesagt, es gäbe gigantische Neuigkeiten.«

»Stimmt, aber die dürften dich jetzt ja kaum noch interessieren.«

»Warum nicht? Was sind das für Neuigkeiten?« Gespannt sah Russell Johnny an.

Der blickte finster drein. Auch wenn es ungerecht war, er machte Russell dafür verantwortlich, dass seine Eltern ihm den Umgang mit ihm verboten hatten. Es wäre seine Pflicht gewesen, dafür zu kämpfen, dass sie weiter Freunde bleiben konnten. Doch so wie es aussah, hatte Russell sich bereits damit abgefunden. Und was noch viel schlimmer war, es schien ihm absolut nichts auszumachen, wenn sie sich ab jetzt nur noch an geheimen Orten im Dunkeln treffen konnten. Dass man im Geheimen aber keine Geisterjäger-Agentur betreiben konnte, war ihm völlig egal. Oder er hatte es einfach noch nicht begriffen.

»Also was ist?«, drängte Russell.

Johnny holte tief Luft. »Nichts Besonderes. Wir haben bloß unseren ersten Auftrag bekommen.«

Russell sah ihn mit großen Augen an. »Du machst Witze!«

»Kein Witz«, antwortete Johnny. »Aber das kann dir ja jetzt egal sein. Ich muss mich dann wohl nach einem neuen Partner umsehen.«

Er sagte mit Absicht »Partner«, weil er genau wusste, dass Russell es hasste, nur sein Assistent zu sein.

»Aber wozu ... du brauchst doch keinen neuen Partner ...«, stotterte Russell.

»Ach nee? Und wie stellst du dir unsere Zusammenarbeit vor? Ich als Geisterjäger und du als schwarzes Phantom daneben?«, rief Johnny. Er war wütend auf Russell. Es war erbärmlich, sich den Umgang verbieten zu lassen und noch nicht einmal etwas dabei zu finden!

»So kannst du das nicht sehen«, hielt Russell dagegen.

»Wie denn sonst?«, fragte Johnny wütend und stampfte Richtung Eingang.

»He, warte!« Russell lief ihm nach und packte ihn an der Schulter. »Ich ... ich habe nicht gedacht, dass wir so schnell einen Auftrag bekommen. Ich wette, meine Mum hat die Sache mit dem Kontaktverbot bestimmt bald wieder vergessen.«

»Aber wir haben nun mal einen Auftrag. Oder besser, ich habe ihn!«, knurrte Johnny. »Denn du bist ja nicht mehr dabei.«

»Natürlich bin ich noch dabei!«, rief Russell aufgebracht. »Mir wird schon etwas einfallen.«

Misstrauisch sah Johnny ihn an.

»Echt! Versprochen! Großes Indianerehrenwort!« Russell spuckte in die Hand und hielt sie Johnny hin.

»Das musst du erst beweisen«, brummte Johnny und war froh, dass er nicht einschlagen musste.

»He, kein Grund, gleich zu schmollen«, sagte Russell und wischte sich die Hand an der Hose ab. »Ich hatte doch keine Ahnung, dass meine Eltern so allergisch auf Geister reagieren würden. Aber ich kriege das schon hin.«

Johnny war zwar immer noch skeptisch, aber was sollte er machen? Er hatte keine Ahnung, wo er so schnell einen neuen Assistenten auftreiben sollte.

»Jetzt erzähl schon. Wie bist du an den Auftrag gekommen?«, fragte Russell gespannt.

»Gestern Abend kam Millie Edwards angeradelt ...«

»Millie Edwards war bei dir auf der Burg?«

»Yep!«

»Und?« Russell wackelte auffällig mit den Augenbrauen.

»Es war rein geschäftlich«, sagte Johnny.

»Geschäftlich? Sag bloß, Millie hat ein Geisterproblem!«, staunte Russell.

»Hat sie.«

»Das erklärt natürlich einiges.« Russell erinnerte sich noch gut daran, dass Millie immer wieder im Unterricht eingeschlafen war. »Und weiter?«

»Die Stunde fängt an!«, erinnerte sie Mrs Underwood, die an ihnen vorbei ins Schulgebäude ging.

»Sie wird von irgendetwas verfolgt«, flüsterte Johnny, während sie hinter ihrer Lehrerin durch den Flur zu ihrem Klassenzimmer gingen. »Es scheint vom Friedhof zu kommen und verfolgt sie bis nach Hause.«

»Vom Friedhof?« Russell schüttelte sich. »Hat sie gesehen, was es ist?«

»Keine Ahnung, aber das wird sie uns spätestens in der nächsten Pause erzählen.«

»Alter, ist das spannend«, schnaufte Russell.

Sie bogen mit Schwung ins Klassenzimmer und blieben wie angewurzelt stehen: Millies Platz war leer.

2. Kapitel

Böse Erinnerungen

»Schöner Reinfall«, murrte Russell zum mittlerweile fünften Mal, als sie nebeneinander zum Bus trabten.

Auch Johnny war enttäuscht. »Vielleicht hat sie mal wieder verschlafen«, überlegte er.

»Oder sie schwänzt. Schließlich mussten wir erst zur Dritten«, meinte Russell.

Johnny zuckte mit den Schultern. »Vielleicht. Morgen wissen wir mehr.«

»Morgen?« Russell riss empört die Augen auf. »Wollen wir nicht bei ihr vorbeigehen und fragen, was los ist?«

»Damit sie Ärger bekommt, falls sie geschwänzt hat?« Johnny schüttelte den Kopf. »Außerdem habe ich heute noch genug andere Dinge zu tun. Ich muss eine neue Visitenkarte für die Agentur entwerfen. Das einzige fertige Modell habe ich Millie in die Hand gedrückt.«

»Du hast die Visitenkarte einfach ohne mich entworfen?«, fragte Russell beleidigt.

»He, ich kann nichts dafür, dass deine Mutter dir verbietet, mich zu sehen.«

»Aber das konntest du doch überhaupt nicht wissen, als du angefangen hast, sie zu entwerfen!«, regte sich Russell auf.

Johnny sah ihn von oben herab an. »Mein Bus kommt!«, sagte er knapp und stieg ein. In der Tür drehte er sich noch einmal um. »Wenn du willst, kannst du nachher noch kurz vorbeikommen. Vorausgesetzt, du schaffst es, dich auf geheimen Wegen zur Burg zu schleichen.«

Zu Hause angekommen, ging Johnny nach oben in die Bibliothek, um nach Erasmus zu sehen. Er fand den Schädel auf einem Lesepult am Fenster. Dabei war er sicher, ihn am Abend zuvor ins untere Regal gestellt zu haben.

»Ah, der junge Lord«, begrüßte der Schädel ihn, ohne von seinem Buch aufzublicken. »Was gibt es Neues?«

»Hallo«, sagte Johnny. »Wie bist du denn vom Regal auf das Pult gekommen?«

»Na, wie schon?«

»Bist du ... gerollt?«, fragte Johnny.

»Sehe ich aus, als würde ich rollen?«

»Na ja, gelaufen bist du jedenfalls nicht«, erwiderte Johnny.

»Oho, ein scharfer Verstand in einem jungen Körper ...« Der Schädel las aufmerksam weiter.

Johnny seufzte und ließ sich in den großen Ohrensessel fallen. »Also, wie hast du es gemacht?«

»Cécile war so freundlich ...«

»Ach so«, sagte Johnny enttäuscht. »Und ich dachte schon, du hättest irgendwelche Superkräfte.«

»Warum so schlecht gelaunt?«, fragte Erasmus. »Ist dir etwa ein Läuschen über die Leber getrampelt?«

»Hör auf, so witzig zu sein. Mir ist nicht nach Lachen zumute. Es geht einfach alles schief«, beklagte sich Johnny.

»So?«

»Ich weiß nicht, ob du es hier oben mitbekommen hast, aber Millie Edwards war gestern bei mir und hat mich gefragt, ob ich nicht auch bei ihr zu Hause einen Geist vertreiben könnte. Das wäre dann unser erster Auftrag als Geisterjäger.«

Erasmus von Rothenburg pfiff durch die Zähne. »Das Mädchen hat also einen Geist zu Hause? Wusste ich's doch! Wie sieht er denn aus?«

Johnny zuckte mit den Schultern. »Sie wollte mir eigentlich heute in der Schule davon erzählen. Aber dann hat sie doch lieber geschwänzt. Millie Edwards schwänzt dauernd.«

»Sie scheint nicht besonders zuverlässig zu sein, diese Millie Edwards. Hoffentlich ist ihre Zahlungsmoral eine andere. Du wirst ihr den Auftrag doch sicher in Rechnung stellen, oder?«

Johnny grinste. »Natürlich. Aber sie bekommt einen Rabatt, schließlich ist sie meine erste Kundin, und wir gehen in dieselbe Klasse.«

»So ist es recht«, lobte der Schädel und blätterte mithilfe seines magischen Auges die Seite um.

Johnny zögerte.

»Sonst noch was?«

»Wie kommst du darauf, dass sonst noch etwas sein könnte?«, fragte Johnny, dem Erasmus' Scharfsinn geradezu unheimlich war.

»Du machst ein Gesicht, als ob dir ein Pups quer säße.«

»Mir sitzt gar nichts quer«, grummelte Johnny. »Es ist nur gerade alles extrem blöd. Ich hatte mich so auf den ersten Auftrag gefreut, und dann ist Millie nicht da, und Russell erklärt mir, dass seine Eltern ihm verboten hätten, sich jemals wieder mit mir zu treffen. Seine Mutter wollte ihn sogar aus der Klasse nehmen, damit er vor mir sicher ist.«

»Ach wirklich?«

Johnny nickte.

»Dann bleibt dir nichts anderes übrig, als dich nach neuem Personal umzusehen«, sagte der Schädel.

»Du bist gut. Wo soll denn das neue Personal herkommen? Wir sind schließlich nicht in London, sondern mitten in den schottischen Highlands.«

»Du könntest eine Anzeige aufgeben. *Junge, unerschrockene Männer, meinetwegen auch Frauen, für Geisterjagd gesucht. Bezahlung: außergewöhnlich großzügig.*«

»Wenn du die Bezahlung übernimmst, gerne.« Johnny stand auf und schlurfte zur Tür. »Außerdem wäre es Russell gegenüber nicht fair.«

»Ach was. Wer hat denn hier wen im Stich gelassen?«, polterte Erasmus. »Aber von dem Milchbart habe ich nichts anderes erwartet.«

»Ich überleg es mir noch mal«, erwiderte Johnny und schlüpfte hinaus.

Eine Etage tiefer traf er auf Cécile, die ein großes Paket in ihr Zimmer schleppte. »Halt mal bitte die Tür auf«, bat sie ihn.

Johnny tat ihr den Gefallen. »Was ist denn da drin?«, fragte er und folgte Cécile in ihr Wohnzimmer.

»Das Paket ist von meinem Bruder«, erklärte sie und stellte den Karton mit Schwung auf den Tisch. »Es sind ein paar Sachen darin, die ich für meine Sitzungen brauche. Räuchermischungen, Schwarzwachs und anderer Kram, aber damit kannst du nichts anfangen.«

Die Menschen kamen bis aus Inverness, um sich bei Cécile Rat zu holen. Denn sie konnte nicht nur in die Zukunft blicken, sondern war auch ein Medium, das mit Verstorbenen in Kontakt treten konnte.

»Brauchst du das Wachs, um daraus Voodoo-Puppen zu machen?«, fragte Johnny weiter.

»Vielleicht«, sagte Cécile geheimnisvoll. »Und nun lass mich allein, damit ich in Ruhe auspacken kann.«

Bevor Johnny in sein Zimmer ging, schaute er noch kurz in der Küche vorbei. Mrs Adams wollte zwar gerade Feierabend machen, aber als Johnny sich an den Küchentisch setzte, bot sie ihm ein paar Ingwerkekse an und setzte sich mit einer Tasse Tee dazu. Johnny unterhielt sich gern mit Mrs Adams. Sämtliche Klatschzeitungen konnten einpacken, wenn Mrs Adams loslegte. Es gab niemanden in Blacktooth, über den sie nicht irgendeine lustige oder geheimnisvolle Geschichte erzählen konnte.

Nach dem Tee ging Johnny hinauf in sein Zimmer. Die Stifte und der Karton, aus dem er seine erste und einzige Visitenkarte gebastelt hatte, lagen noch immer auf dem Schreibtisch. Er ließ sich auf seinen Drehstuhl fallen und wollte gerade an einem neuen Entwurf tüfteln, als er plötzlich das Gefühl hatte, nicht allein zu sein. Hinter seinem Rücken knarrten die Scharniere der großen Truhe, die neben seinem Bett stand.

Johnny fühlte, wie sich seine Nackenhaare sträubten. Blitzschnell wirbelte er herum und sah gerade noch, wie der Truhendeckel wieder zufiel.

Sein Herz klopfte ihm bis zum Hals, als er aufstand und den Gargoyle 5000 aus dem Kleiderschrank holte.

Geister hassten Salz in jeglicher Form, und die Wasserpistole hatte ihm – mit Salzwasser gefüllt – bei seiner letzten Geisterjagd sehr gute Dienste geleistet.

Leise, den Gargoyle im Anschlag, schlich Johnny zur Truhe.

Er brauchte nicht lange zu warten. Der Truhendeckel öffnete sich ein zweites Mal, und ein unmenschliches Stöhnen erfüllte den Raum. Johnny zögerte keine Sekunde. Er schob den Lauf seines Gargoyles 5000 zwischen Deckel und Truhe und drückte ab. Einmal, zweimal …

»Äääääh!« Der Deckel flog auf, und Russell stand da wie Kai aus der Kiste. Angeekelt sah er an sich herab. »Spinnst du?!«, schimpfte er. »Voll ins Gesicht, und meine Hose sieht aus, als hätte ich mich angepinkelt!«

»Uff!« Johnny ließ den Gargoyle sinken. »Was machst du denn in meiner Truhe?«

»Überraschung!«, antwortete Russell grimmig. »Ich wollte dir beweisen, dass ich kein Weichei bin. Du solltest wissen, dass mir unsere Freundschaft etwas bedeutet. Zumindest theoretisch. Nach dieser Attacke werde ich mir die Sache aber noch mal überlegen.«

Obwohl er einen Riesenschreck bekommen hatte, musste Johnny grinsen. »Hättest du vorher angerufen, wäre das nicht passiert«, meinte er trocken.

»Gut möglich. Leider kontrolliert meine Mutter auch mein Handy. Wenn sie rauskriegen würde, dass ich mit dir telefoniere ... na, dann gute Nacht.«

»Und was hast du ihr erzählt, wo du jetzt bist?«

»Bei der Chorprobe.«

Johnny sah ihn skeptisch an. »Und das hat sie dir geglaubt?«

»Sicher. Sonst wäre ich wohl nicht hier. Wo sind die Stifte und die Schere? Ich werde die beste Visitenkarte entwerfen, die die Welt je gesehen hat.«

Grinsend schob Johnny ihm sämtliche Utensilien rüber. Er wusste, dass Russell super zeichnen konnte. Außerdem machte es zu zweit wesentlich mehr Spaß, als allein vor sich hin zu basteln.

Ein seltsamer Wunsch

Die Zeit verging wie im Flug. Es war inzwischen fast dunkel, und Russell musste dringend nach Hause. Eine Chorprobe dauerte selten länger als zwei Stunden.

Mit dem neuen Entwurf der Visitenkarte waren beide sehr zufrieden. Im Großen und Ganzen hatten sie sich an Johnnys Vorlage orientiert. Russell hatte lediglich, aber mit viel Hingabe ein paar Vampirfledermäuse dazugemalt. Die Kürbisse und Hexenhütchen konnte ihm Johnny glücklicherweise ausreden.

Jetzt blickten beide stolz auf das Ergebnis ihrer Arbeit.

»Cool, oder?«, fragte Johnny und betrachtete zufrieden die gelben Buchstaben, von denen das Blut tropfte. *Geisterjäger Johnny Sinclair*, stand da in fetten Lettern. *Agentur für paranormale Phänomene und Geistervertreibungen aller Art*.

»Gib her, ich muss los«, sagte Russell ungeduldig und versuchte, Johnny den Entwurf wegzuschnappen. »Das Ganze muss noch digitalisiert werden.«

Johnny zögerte. Er hatte wenig Lust, seine einzige Visitenkarte schon wieder aus den Händen zu geben. Obwohl klar war, dass Russell sie mitnehmen musste. Schließlich wollte er sie in der Druckerei seiner Eltern drucken lassen. Also machte Johnny schnell ein Foto mit dem Handy und gab den Entwurf dann seufzend an Russell weiter.

»Und du glaubst wirklich, dass es mit dem heimlichen Drucken klappt?«

»Klar!« Russell nickte. »Mein Vater macht morgen den ganzen Tag Kundenbesuche. Und Bronzo schuldet mir noch einen Gefallen.«

»Hoffentlich erinnert er sich daran«, sagte Johnny und stand auf, um Russell nach unten zu bringen.

Bronzo war so ziemlich der übellaunigste Mensch, den Blacktooth zu bieten hatte. Johnny war es ein Rätsel, wie man es länger als eine Minute in seiner Nähe aushalten, geschweige denn mit ihm arbeiten konnte.

Im Hof sah er Russell dabei zu, wie er sein gewaltiges Fahrradschloss aufschloss und die Kette umständlich aus den Speichen zog. Das war in doppelter Hinsicht bemerkenswert, denn erstens hatte Johnny Russell noch nie Rad fahren sehen, und zweitens schloss niemand auf Greyman Castle sein Rad ab.

»Zum Glück geht's bergab«, grinste Russell, und die Totenköpfe auf seiner Zahnspange blitzten. »Ich melde mich heute Abend. Wenn ich schnell bin, erwische ich Bronzo noch, bevor er Feierabend macht.«

Mit einem Klick schloss er den Gurt seines Fahrradhelms, stieg auf und fuhr ein bisschen wackelig durch das Burgtor davon.

Während Johnny mit Cécile beim Abendessen saß, hatte er sein Handy neben sich auf den Tisch gelegt. Man konnte hinter den dicken Burgmauern zwar nie wissen, ob man Empfang hatte, aber Johnny wollte Russells Anruf auf keinen Fall verpassen.

»Kannst du nicht mal beim Essen auf dein Handy verzichten?«, fragte Cécile.

»Russell wollte sich noch kurz melden«, antwortete Johnny und checkte das Display.

Cécile lächelte. »Ich freue mich, dass ihr euch so gut versteht. Ihr seid ein gutes Team, was?«

Johnny verzog das Gesicht. »Russell ist zwar manchmal ein echtes Baby, aber im Großen und Ganzen ist er in Ordnung.«

»Nicht nur im Großen und Ganzen. Ihr habt beide bei der letzten Geisterjagd ziemlich Eindruck gemacht. Ich wurde heute auf der Post zwei Mal darauf angesprochen.«

»Echt?«, grinste Johnny. »Cool!«

Cécile zog spöttisch die Augenbrauen hoch. »Klar! Ihr wart schließlich in allen Zeitungen.«

»Dann ist jetzt genau der richtige Zeitpunkt ...«

»Der richtige Zeitpunkt ... wofür?«

»Der richtige Zeitpunkt, um eine Geisterjägeragentur zu eröffnen.«

»Ihr wollt was???« Cécile fielen fast die Augen aus dem Kopf.

»Du hast richtig gehört. Russell und ich haben eine Geisterjägeragentur gegründet«, erklärte Johnny. »Er druckt gerade unsere Visitenkarten.«

Cécile runzelte unwillig die Stirn. »Untersteh dich!«, drohte sie. »Für so einen Unfug seid ihr beide viel zu jung. Du kennst doch das alte Sprichwort: ›Wer die Geister ruft, wird sie nicht wieder los.‹«

Johnny schüttelte den Kopf. »Nee, kenn ich nicht.«

Cécile griff nach seiner Hand und sah ihm ernst in die Augen. »Ich möchte nicht, dass ihr euch unnötig in Gefahr bringt. Ist das klar?«, warnte sie ihn.

Johnny zwang sich zu einem Lächeln und stand auf. »Tun wir nicht«, versprach er. »Und wer weiß, vielleicht kriegen wir ja überhaupt keinen Auftrag.«

Beim letzten Satz kreuzte er schnell die Finger hinter dem Rücken und verließ dann eilig die Küche.

Er ging hinaus in den Hof. Vielleicht hatte er Glück, und der Handyempfang war hier besser. Er hielt das Gerät hoch über seinen Kopf, und tatsächlich zeigte das Display zwei verpasste Anrufe und eine Nachricht von Russell.

Bronzo ist sturer, als ich dachte. Er macht es nicht umsonst. Ruf mich kurz an, wenn du irgendwann Empfang hast.

Sofort drückte Johnny Russells Nummer. »Hallo, ich bin's«, sagte er, gleich nachdem Russell sich gemeldet hatte. »Was meinst du damit, *Bronzo ist sturer, als du dachtest*?«

»Aaah, hallo, Fred! Freut mich, von dir zu hören!« Russells Stimme überschlug sich fast.

»Nicht Fred, ich bin's, Johnny!«

»Schön, schön, wie läuft's denn so bei dir?«

»Spinnst du?« Johnny starrte empört auf sein Handy.

»Nee, ich sitze gerade beim Abendessen!«

»Sitzen deine Eltern daneben?«

»Na klar, Fred! Was? Wir haben nächste Woche fünf Chorproben?! Da bin ich ja nur noch unterwegs ...«

Johnny musste grinsen. »Ruf mich an, wenn du ungestört sprechen kannst ... äh ... Ken. Ich bin noch eine Weile im Hof.«

Nachdem er aufgelegt hatte, setzte sich Johnny auf einen der steinernen Greife, die das Eingangstor von Greyman Castle bewachten, und blickte über das Land seiner Väter. So nannte

Cécile es immer, wenn sie in dieser ganz besonderen melancholischen Stimmung war, und dann sprach sie auch gleich von Traditionen und starken Wurzeln.

Johnny seufzte. Er hatte wirklich Glück, ausgerechnet hier geboren zu sein. Weniger wegen der starken Wurzeln als vielmehr wegen der hohen Geisterdichte. Auf der ganzen weiten Welt gab es nämlich keine Gegend, in der mehr Geister ihr Unwesen trieben als auf den Britischen Inseln.

Plötzlich lauschte er. Dann schüttelte er den Kopf. Da saß er hier auf dem Rücken eines Greifs und dachte über Geister nach und hörte doch tatsächlich das Schlagen einer Trommel. Leise, aber eindringlich. Unbehaglich sah Johnny sich um. Die Trommel klang verdächtig nach Tommy Drum, dem Geisterjungen, den er gerade unter Einsatz seines Lebens von Greyman Castle vertrieben hatte. Wachsam ließ Johnny seinen Blick über die Wehrgänge wandern, aber es war nichts Verdächtiges zu sehen. Dafür vibrierte das Handy in seiner Hand. Russell rief an.

»Hallo, Ken!«, begrüßte Johnny seinen Freund.

»Hör auf!«, blaffte Russell ihn an. »Hast du eine Ahnung, wie gefährlich das vorhin war? Wir waren gaaanz dicht dran aufzufliegen ... Meine Eltern hingen an meinen Lippen wie achtarmige Oktopusse.«

»Tut mir leid«, murmelte Johnny. »Wo bist du jetzt?«

»Oben in meinem Zimmer. War doch genial ... der Einfall mit den täglichen Chorproben, oder?«

»Das war ganz schön clever«, lobte Johnny. »Aber jetzt erzähl schon ... Du hast geschrieben, dass Bronzo nicht umsonst drucken will. Wie viel Geld will er denn haben?«

»Er will kein Geld«, sagte Russell. »Er will eine Voodoo-Puppe und ein paar Nadeln.«

»Er will was?«

»Ich dachte auch erst, ich hätte mich verhört«, gab Russell zu. »Er war zwar schon immer ein Griesgram, und ich glaube, er hat auch schon mal auf eigene Rechnung gedruckt. Aber dass er etwas mit Voodoo am Hut hat, hätte ich nicht gedacht.«

»Hm.« Johnny überlegte. »Ich weiß nicht, ob ich so eine Puppe auftreiben kann. Cécile wird sie kaum freiwillig rausrücken.«

»Aber sie hat doch so viele davon«, sagte Russell.

»Schon, aber wenn ihr auffällt, dass eine davon fehlt ...«

»Oh, ich glaube, meine Mutter kommt«, flüsterte Russell. »Also bis dann, Fred. Und vergiss die Noten nicht!«

»Alles klar, Ken«, knirschte Johnny und legte auf.

Na super. Wer hätte gedacht, dass Bronzo ein Faible für Voodoo hatte. Aber Russell hatte recht. Cécile besaß wirklich jede Menge Voodoo-Püppchen. Wenn er eine davon nähme, würde es bestimmt nicht auffallen. Also ging Johnny auf seinem Weg nach oben noch einmal in Céciles Arbeitszimmer vorbei. Es war der Raum, in dem sie die Fragenden empfing und ihre Séancen abhielt. Manchmal assistierte ihr Johnny sogar dabei.

Schnell schlüpfte er in den dunklen Raum und schaltete die Lampe ein, die auf Céciles Schreibtisch stand. Wie eine kleine Armee hingen die Voodoo-Püppchen an bunten Wollfäden von der Zimmerdecke. Ihre Schatten tanzten im Schein der Lampe auf und ab, als wären sie lebendig.

Cécile benutzte die Puppen oft für ihre Zauber. Nur um zu helfen, wie sie immer wieder versicherte. Aber Johnny hatte da so seine Zweifel. Einmal hatte er nämlich gesehen, wie Cécile eine Puppe von Mr Osborne, dem Banker, bastelte, nachdem er ihr das Konto gesperrt hatte.

Vorsichtig ließ Johnny seine Finger über ein kleines verziertes Kästchen gleiten. Er wusste, dass sich darin die langen Voodoo-Nadeln und ein gebogenes Messer befanden. Es kostete ihn einige Überwindung, das Kästchen zu öffnen und das Messer und die Nadeln herauszunehmen. Schließlich wusste er, dass er etwas Verbotenes tat.

Dann wischte Johnny diesen Gedanken einfach beiseite. Er griff über seinen Kopf und schnitt hastig die erstbeste Voodoo-Puppe ab, die ihm zwischen die Finger kam. Anschließend steckte er noch ein paar Nadeln ein und verließ eilig den Raum.

4. Kapitel

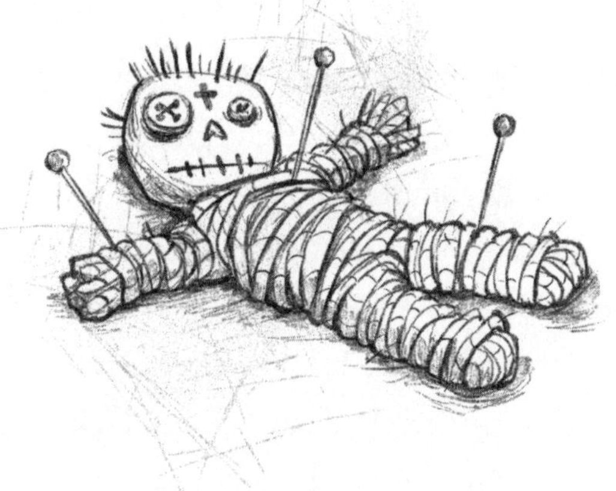

Abserviert

Am nächsten Morgen konnte Johnny es kaum erwarten, zur Schule zu kommen. Er wollte unbedingt wissen, was Russell mit Bronzo vereinbart hatte und wann sie mit den Visitenkarten rechnen konnten. Glücklicherweise war Russell diesmal vor ihm da und erwartete ihn gleich hinter dem Schultor.

»Hallo, Ken!«, begrüßte Johnny seinen Freund grinsend.

»Pssst, komm mit«, flüsterte Russell und zog ihn hinter die Müllcontainer. »Hast du die Puppe?«

»Klar.« Johnny zog die Puppe samt Nadeln, die er in ein Taschentuch gewickelt hatte, aus seiner Jackentasche.

Schnell steckte Russell sie ein.

»Und du bist sicher, dass Bronzo eine Voodoo-Puppe wollte?«

Russell nickte.

»Wozu braucht er die denn?«

»Ich habe keine Ahnung. Vielleicht gibt es ja jemanden, mit dem er noch eine Rechnung offen hat.«

»Oder er möchte jemanden damit heilen«, sagte Johnny hoffnungsvoll.

»Sicher!«, nickte Russell. »Träum weiter. Bevor Bronzo etwas Gutes tut, wächst mir ein Vollbart. Zum Glück ist er genauso blöd, wie er aussieht. Ich glaube nicht, dass er es schafft, jemandem zu schaden.«

»Buuuuhuuuuhuuuu! Geister im Anmarsch, Sinclair!«, tönten da zwei Stimmen, die Johnny nur allzu gut kannte. Mit einem dreckigen Lachen kamen seine Mitschüler Barty und Alfie hinter den Müllcontainern hervor.

Alarmiert sahen Johnny und Russell sich an.

Ob die beiden Stinkstiefel etwas von der Voodoo-Puppe mitbekommen hatten? Dann konnten Johnny und Russell einpacken! Denn Alfie und Barty liebten es, sich über die Geisterjäger lustig zu machen, und nutzten jede Chance, ihnen eins auszuwischen.

Doch die beiden Freunde hatten Glück. Barty und Alfie schienen nichts gehört zu haben. Ohne einen weiteren Kommentar trabten sie weiter Richtung Klassenzimmer. Johnny und Russell folgten ihnen mit einigem Abstand.

Johnnys erster Blick ging zu Millies Platz.

»Mist!«, fluchte er leise, denn ihr Stuhl war immer noch leer. Unwahrscheinlich, dass sie schon wieder den Unterricht schwänzte. Etwas ratlos ließ sich Johnny an seinen Schreibtisch plumpsen, und Russell setzte sich daneben.

»Du musst heute unbedingt rauskriegen, was mit ihr los ist«, zischelte er, während Mr Butler, ihr Erdkundelehrer, die Klasse betrat und lässig auf dem Lehrerpult Platz nahm.

»Wieso ich?«, zischelte Johnny zurück.

»Weil sie dich beauftragt hat und nicht mich«, antwortete Russell etwas lauter als beabsichtigt.

»Ich störe nur ungern«, unterbrach sie Mr Butler. »Aber vielleicht wäre Russell so freundlich, uns ein paar Hafenstädte entlang des Ärmelkanals zu nennen.«

Und damit war die Unterhaltung fürs Erste beendet.

Nach dem Unterricht wollte Johnny eigentlich nach Hause fahren. Doch so leicht ließ Russell ihn nicht davonkommen.

»Du musst zu Millie gehen und rausfinden, was mit ihr los ist«, sagte er und leckte sich etwas Marmelade vom Finger. »Wenn du willst, komme ich mit. Aber du musst klingeln.«

»Ich muss gar nichts«, murrte Johnny. »Und schon gar nicht muss ich bei Millie einen Hausbesuch machen, kapiert?«

»Na klar«, sagte Russell mampfend. »Aber Millie ist nun mal unsere erste Kundin, und wer weiß ... vielleicht braucht sie unsere Hilfe.«

»Vielleicht hat sie aber auch bloß eine Erkältung und liegt im Bett«, erwiderte Johnny ungeduldig. Ihm war die ganze Angelegenheit irgendwie unangenehm. »Außerdem weiß ich überhaupt nicht, was ich sagen soll.«

»Sag einfach, du willst Millie die Matheaufgaben bringen.«

»Mach du das doch, wenn du schon so gute Ideen hast«, blaffte Johnny ihn an.

Russell grinste. »Du willst nur nicht bei ihr klingeln, damit niemand glaubt, du bist in sie verknallt.«

Johnny verdrehte die Augen. »So was Blödes. Bist du sicher, dass du nicht in sie verknallt bist?«

Russell nickte.

Johnny sah auf die Uhr und seufzte. Jetzt hatten sie so lange auf dem Schulhof gestanden, dass der Bus nach Inverness weg war. Und der nächste fuhr erst in eineinhalb Stunden. »Also gut. Bevor wir hier noch länger rumstehen und Däumchen drehen, gehen wir rüber ins *Hobgoblin* und erkundigen uns, was mit Millie los ist«, sagte Johnny dann.

Das *Hobgoblin* gehörte Millies Eltern und war ein beliebter Pub in Blacktooth. Er lag auf einer kleinen Anhöhe am Rande

des Ortes, nicht weit von der Kirche und dem Friedhof entfernt. Und das hatte einen guten Grund. Denn die Toten beschwerten sich nicht wegen des Lärms, wenn es im Pub mal wieder hoch herging. Und sie riefen auch nicht die Polizei.

Johnny und Russell liefen durch die kopfsteingepflasterten Straßen und hatten den Pub schon bald erreicht. Ein schwarzes Schild, auf dem drei Kobolde abgebildet waren, knarrte leise im frischen Wind. Die schwere Tür zur Schankstube war geschlossen. Aber eins der bleiverglasten Fenster stand offen, und man hörte das Klappern von Geschirr.

»Na los, worauf wartest du?«, forderte Russell seinen Freund auf.

»Vielleicht sollten wir lieber hintenrum gehen, zum privaten Eingang?«

»Ach Quatsch!« Russell drückte die schwere Tür auf, und gleich darauf standen sie mitten in der Kneipe. Nachdem ihre Augen sich an das Dämmerlicht gewöhnt hatten, sahen sie, dass sie nicht allein waren. In einer Ecke saßen bereits drei Männer vor ihrem Bier und ließen klappernd die Würfel über den Tisch rollen.

»Was wollt ihr?«, fragte ein bulliger Mann hinter dem Tresen. »Mittagstisch ist längst vorbei.«

Johnny räusperte sich. »Wir wollen nichts essen. Wir ... wir wollen Millie bloß die Schulaufgaben bringen. Sie war gestern und heute nicht in der Schule.«

»Rosi! Hier ist Besuch für deine Tochter!«, rief der Mann über die Schulter und fing an, ein paar Biergläser, die vor ihm im Waschbecken schwammen, mit einem schmutzigen Tuch abzutrocknen.

Millies Mutter war eine hagere, mürrische Frau. Seit sie den zweiten Pub in Richfield übernommen hatten, sah sie ihren Mann nur noch alle paar Wochen, und die Arbeit im *Hobgoblin* wuchs ihr allmählich über den Kopf. Jetzt kam sie aus einem der hinteren Räume und wischte sich die Hände an ihrer Küchenschürze ab. Misstrauisch sah sie die Jungen an. »Was wollt ihr von Millie?«

»Wir wollen Millie die Matheaufgaben bringen«, antwortete Russell an seiner Stelle.

Johnny versuchte ein Grinsen. »Dauert auch nicht lange.«

Wortlos streckte Mrs Edwards die Hand aus. »Gebt her! Ich werde sie Millie bringen.«

Johnny und Russell sahen sich an.

»Ihr habt die Aufgaben doch sicher aufgeschrieben, oder?«

»Nein, äh ... wir dachten ... wir wollten ...«

»Wir müssen Millie noch etwas dazu erklären ...« Russell lächelte sein bestes Lächeln.

Mrs Edwards' Blick wurde noch eine Spur abweisender. »Das geht nicht. Millie ist krank. Sie hat das Pustelfieber. Sehr ansteckend. Ich kann euch nicht zu ihr lassen. Kein Besuch! Das musste ich dem Arzt versprechen.«

Johnny und Russell tauschten erneut einen Blick.

»So, und jetzt verschwindet. Es sei denn, ihr wollt morgen früh aussehen wie die Streuselkuchen.«

»Wann kommt Millie denn wieder zur Schule?«, fragte Johnny.

»Woher soll ich das wissen?«, schnaubte Mrs Edwards. »Sehe ich aus, als könnte ich in die Zukunft sehen? Wenn ihr Millie unbedingt die Schulaufgaben bringen wollt, schreibt sie auf einen Zettel. Ich gebe ihn ihr später, wenn ich das Abendessen raufbringe.«

»Aber …«, versuchte Johnny es noch einmal.

»Habt ihr nicht gehört, was Millies Mutter gesagt hat?«, polterte der Mann hinter der Theke. »Lasst die Aufgaben hier und verschwindet!«

»Ähm … ja.« Johnny riss eine Seite aus seinem Matheheft und schrieb Millie schnell ein paar Aufgaben auf. Vorsichtshalber schrieb er auch seine Handynummer und eine kleine Nachricht dazu: *Wenn du etwas nicht verstehst oder Fragen hast, ruf an!* Dann schob er den Zettel über den Tresen, und sie verließen das *Hobgoblin*.

»Na, die war aber ganz schön ruppig«, sagte Russell, während sie sich eilig von Millies Zuhause entfernten.

»Ich hab's dir doch gesagt. Ich hatte gleich kein gutes Gefühl bei der Sache«, brummte Johnny. »Und jetzt ist mein Gefühl noch viel schlechter. Mrs Edwards wollte uns von Millie fernhalten, so viel ist sicher.«

Russell zuckte mit den Schultern. »Ist doch logisch, dass sie uns von ihr fernhalten wollte. Und ich bin ihr ehrlich gesagt sehr dankbar dafür. Ich habe nämlich keine Lust auf Pusteln und Fieber.« Zwei Straßen weiter blieb Russell stehen. »Besser, wir trennen uns hier«, sagte er. »Meine Mum muss uns nicht unbedingt zusammen sehen.«

»Okay. Dann mach's gut, und sag Bescheid, wenn Bronzo die Karten fertig hat!« Johnny hob die Hand und ging weiter Richtung Bus.

5. Kapitel

Frohe Nachrichten

Wenn in Blacktooth auf eine Sache Verlass war, dann auf den Bus Richtung Inverness. Pünktlich wie ein Schweizer Uhrwerk zog er seine Runden und kam beinahe zeitgleich mit Johnny an der Haltestelle an. Der junge Schotte begrüßte den Busfahrer und setzte sich in die allerletzte Reihe.

Sofort wanderten seine Gedanken ins *Hobgoblin* zurück. Mrs Edwards war wirklich sehr abweisend gewesen ... Aber was hatte sie für einen Grund gehabt, sie von ihrer Tochter fern-

zuhalten? Nur weil die Fieber hatte und ein paar Pusteln? Das ergab keinen Sinn.

Johnny zwang sich, an etwas anderes zu denken, und sah aus dem Fenster. An der Abzweigung zur Burg machte der Busfahrer wie immer einen außerplanmäßigen Halt und ließ ihn aussteigen. Der Weg querfeldein war zwar bedeutend steiler, aber auch wesentlich kürzer, und im Handumdrehen hatte Johnny die steinerne Brücke zur Burg erreicht. Die beiden Greife, auf denen er am Abend zuvor noch gesessen hatte, sahen ihn freundlich an, und Johnny bedauerte zum tausendsten Mal, dass die zwei nicht lebendig waren.

Im Burghof traf er auf Cécile und Mr Hopps, den Hausmeister, der mehrmals in der Woche in seinem alten Jeep aus Blacktooth zur Burg heraufkam, um hier nach dem Rechten zu sehen.

Die beiden Erwachsenen lachten, und Johnny konnte deutlich hören, wie Mr Hopps sagte: »Da wird sich der Junge aber freuen.«

»Worüber werde ich mich freuen?«, fragte Johnny und strahlte in die Runde.

»Deine Eltern kommen nach Hause, mein Junge«, sagte Mr Hopps. »Sie haben mich im Dorf angerufen, nachdem sie hier oben niemanden erreichen konnten.«

»Wirklich?« Johnnys Herz machte vor Freude einen kleinen Hüpfer.

Und auch Cécile lächelte. »Deine Mutter hat Mr Hopps aus Amsterdam angerufen. Sie werden vermutlich morgen Nachmittag ankommen.«

»Das ist ja toll!«, sagte Johnny. »Hat sie gesagt, wie lange sie diesmal bleiben?«

Cécile schüttelte den Kopf. »Aber das kannst du sie morgen ja selbst fragen.«

Was für fantastische Neuigkeiten! Johnny flog geradezu die Treppe hinauf. Er warf den Ranzen in sein Zimmer und lief gleich weiter zur Bibliothek. »Es gibt tolle Neuigkeiten!«, rief er schon von der Tür aus.

»Tatsächlich?«, tönte eine Stimme aus dem Nichts.

Suchend sah Johnny sich um. »Wo steckst du?«, wunderte er sich.

»Hier, hinter dem Vorhang!«, antwortete Erasmus. »Ich habe gerade ein hochinteressantes Hausbuch aus dem 16. Jahrhundert gefunden.«

»Ach wirklich?« Johnny schob den Vorhang beiseite und stieg auf eine der Leitern, die an den Regalen lehnten. Der Schädel lag ganz oben. »Sag bloß, Cécile hat dich hier abgesetzt. Du musst sie ganz schön bequatscht haben. Sie hat nämlich Höhenangst, und freiwillig steigt sie niemals auf eine Leiter.«

»Ich bin nicht auf Cécile angewiesen«, brummte der Schädel. »Ich habe andere Möglichkeiten.«

»Was du nicht sagst.« Johnny runzelte die Stirn. Er konnte

sich nicht vorstellen, dass Mrs Adams oder Mr Hopps einen Totenschädel im Regal hin und her schoben.

»Aber wo du schon mal hier bist, kannst du dich auch nützlich machen. Hilf mir mal auf das Lesepult am Fenster!«

»Wie wäre es mit einem Bitte?«

»Meinetwegen ... bitte!«

Johnny setzte Erasmus samt Buch auf dem Lesepult ab. Mithilfe seines magischen Auges schlug Erasmus den Buchdeckel auf.

»Wow, ich habe das Gefühl, du und dein Glubschauge, ihr werdet mit jedem Tag besser«, staunte Johnny.

Statt zu antworten, vertiefte sich Erasmus sofort in die Lektüre.

Johnny zögerte. »Ähm ...«

Seufzend sah der Schädel auf. »Gibt es nicht noch ein paar wichtige Aufgaben, die du zu erledigen hast?«

»Nein, ich komme gerade aus der Schule ...«, sagte Johnny. »Eigentlich wollte ich dir auch bloß erzählen, dass meine Eltern morgen nach Hause kommen. Ich hoffe, du freust dich. Die beiden sind berühmte Ethnologen, und vielleicht ...«

»Ich kenne deine Eltern nicht und wüsste nicht, warum ich mich auf sie freuen sollte«, erklärte der Schädel.

»Ihr würdet euch bestimmt gut verstehen.« Johnny lächelte grimmig. »Vielleicht könnten sie dir bei der Gelegenheit mal auf den Zahn fühlen.«

»Ich glaube, Cécile hat nach dir gerufen!«, knurrte der Schädel. »Also husch, husch!«

»Ich habe nichts gehört«, erklärte Johnny gleichmütig. »Darf ich dich mal was fragen?«

»Nein!«

»Hast du schon mal etwas vom Pustelfieber gehört?«

»Nein ... Meinst du eine Influenza, eine Grippe?«

»Ich meine das Pustelfieber. Millies Mutter sagt nämlich, dass Millie es hat.«

»Millie Edwards? Das Mädchen, das dir deinen ersten Auftrag gegeben hat?«

»Du hast ein gutes Gedächtnis.«

»Soll das ein Kompliment sein?«

Johnny zuckte mit den Schultern. »Ich wollte bloß nett sein. Aber wenn ich es mir recht überlege, habe ich manchmal große Lust, dich dorthin zurückzubringen, wo du hergekommen bist.«

Der Schädel lachte ein morsches Lachen. »Du meinst wirklich zu wissen, wo ich herkomme? Lächerlich!«

»Okay. Fang schon mal an zu packen!«, schnaubte Johnny zornig. »Ich werde dich nämlich meinen Eltern mitgeben. Sie kennen sicher ein schnuckeliges kleines Museum, in dem du dich pudelwohl fühlen wirst!« Wütend stapfte er Richtung Tür.

»He, warte mal. Warum so empfindlich? Mir ist gerade etwas Wichtiges zum Pustelfieber eingefallen.«

Johnny blieb stehen. »Und was?«

»Tja ... am besten, du erzählst mir noch einmal ganz genau, was Millies Mutter darüber gesagt hat.«

»Okay.« Johnny schilderte kurz die Begegnung mit Mrs Edwards und ihr Gespräch im *Hobgoblin*.

Erasmus hörte zu, grunzte hier und da und sagte dann: »Ich an eurer Stelle würde gleich heute Abend noch einmal bei Millie vorbeischauen.«

»Ihre Mutter wird uns kaum zu ihr lassen.«

Der Schädel knurrte genervt. »Natürlich heimlich, Schlaubi-Schlumpf. Mit Pustelfieber ist nicht zu spaßen.«

Johnny sah Erasmus erstaunt an. »Hast du nicht gerade behauptet, du wüsstest nicht, was Pustelfieber ist?«

»Ja, und genau das macht die Sache ja so gefährlich. Millies Mutter lügt. Und ihr müsst herausfinden, warum.«

Johnny fiel die Kinnlade runter. Sein Gefühl hatte ihn also nicht getäuscht. Mrs Edwards hatte etwas zu verbergen.

»Ich werde Russell anrufen«, murmelte Johnny. »Vielleicht sollten wir wirklich noch einmal bei Millie vorbeischauen.«

»Unbedingt! Aber erledigt das noch heute Nacht. Heute ist Vollmond, da könnt ihr mir vom Friedhof gleich ein Greisenhaupt mitbringen.«

»Ein was?« Entsetzt starrte Johnny Erasmus an.

Der Schädel lachte klappernd. »Du solltest dein Gesicht sehen. Das gräuliche Greisenhaupt ist eine ganz spezielle

Pflanze, die nur auf Friedhöfen wächst und ausschließlich bei Mondschein zu sehen ist.«

Johnny schnaubte verächtlich. »Jetzt verstehe ich. Du machst dir gar keine Sorgen um Millie, und unser Auftrag ist dir auch piepegal. Dir geht es bloß um irgendeine Zutat, mit deren Hilfe du zu einem eigenen Körper kommen willst! Stimmt's?«

»Gut möglich!«, knurrte Erasmus. »Es ist nämlich nicht besonders lustig, nur ein Schädel zu sein!«

Johnny blinzelte verlegen. Darüber hatte er noch nie nachgedacht. Erasmus war halt ein Schädel ... und irgendwie hatte er geglaubt, er hätte sich in all den Jahrhunderten damit abgefunden.

»Tut mir leid«, sagte er versöhnlich. »Wie sieht dieses Greisenhaupt denn aus?«

»Bei Tageslicht kann man es nicht finden. Aber bei Mondschein, in der Stunde vor Mitternacht, leuchtet es silbrig hell.«

»Und wo genau wächst dieses komische Kraut?«

»Woher soll ich das wissen? Es wächst irgendwo auf dem Friedhof ... über einem offenen Grab.«

»Über einem offenen ...«

»Grab!«, beendete Erasmus den Satz.

»Träum weiter!«, schnaubte Johnny. »Wie kann auf einem offenen Grab überhaupt etwas wachsen?«

»Die Pflanze hat Wurzeln, dünn und haarig wie Spinnenbeine. Sie ...«

»Du solltest dich zur Abwechslung mal selbst auf die Suche machen«, meinte Johnny empört. »Ich habe echt keine Lust, den ganzen Friedhof nach deinem Kraut abzusuchen. Und wer weiß, vielleicht gibt es gerade heute kein offenes Grab.«

»Angst?«, frage Erasmus und grinste so böse, wie nur ein Totenschädel grinsen kann.

»Quatsch«, sagte Johnny, während sein linkes Auge nervös zuckte. »Ich dachte nur an Russell. Er mag Friedhöfe nicht besonders.«

»Okay, okay, ich komme mit! Und jetzt mach dir nicht gleich in die Hose. Hol mich heute Abend Punkt zehn Uhr ab.«

»Sehr freundlich«, grummelte Johnny. Er hatte sich eigentlich um Millie kümmern wollen, und jetzt hatte er diesen Schädel auch noch an der Backe.

Sein Handy klingelte. Es war Russell. Sofort ging Johnny damit ans offene Fenster.

»Bist du es, Ken?«, fragte er mürrisch und musste gleich darauf lachen.

»Hör auf!«, schnaubte Russell. »Ich habe die Visitenkarten. Zweihundert Stück. Sie sehen super aus!«

»Cool. Ich bin schon megagespannt. Wollen wir uns nicht noch heute Abend treffen? Dann könnte ich sie mir ansehen, und wir könnten vielleicht noch einmal bei Millie vorbeigucken. Ihre Mutter muss ja nichts davon erfahren.«

»Heute Abend?« Russell zögerte.

»Russell!« Johnny hörte Russells Mutter im Hintergrund rufen.

»Ich muss auflegen!«, flüsterte Russell prompt.

»Okay, ich warte um halb elf an der Straßenecke auf dich.«

»Ich weiß noch nicht, ob ich es schaffe«, antwortete Russell und legte auf.

6. Kapitel

Eine nächtliche Radtour

Je später es wurde, desto unruhiger wurde Johnny. Er hatte Erasmus aus der Bibliothek in sein Zimmer geholt und eine Weile mit Cécile ferngesehen. Doch er konnte der Quizshow keine Minute folgen. Immer wieder wanderten seine Gedanken zu dem bevorstehenden nächtlichen Ausflug. Er mochte gar nicht daran denken, was alles schiefgehen konnte, wenn sie Millie heimlich besuchten. Was, wenn sie in gigantisches Geschrei ausbrach, sobald er ihr Zimmer betrat? Was, wenn ihre

Mutter ihn erwischte? Oder – und das wäre noch viel schlimmer – wenn das Ding, das Millie verfolgt hatte, auch ihm auflauerte? Vom grässlichen Greisenhaupt ganz zu schweigen!

Gegen neun fing Johnny lautstark an zu gähnen.

»Müde?«, fragte Cécile und reckte sich ebenfalls.

»Und wie«, log Johnny. »Am besten, ich gehe gleich ins Bett.«

»Mach das«, meinte sein Kindermädchen, ohne den Blick vom Fernseher abzuwenden. »Und vergiss nicht, den Wecker zu stellen.«

Céciles Privaträume lagen ein Stockwerk über Johnnys Zimmer, und er musste durch den engen Treppenturm nach unten steigen.

»Arrrgh!«, zog es dumpf durch den Turm. Johnny zuckte unwillkürlich zusammen. Das klang ... das war ... unmöglich! Er rüttelte an seinen Ohren. Irgendetwas stimmte mit den Lauschern nicht. Der Schrei klang verdammt nach dem schwertschwingenden Highlander. Aber den hatte er doch gerade von seinem Fluch erlöst und in der Gruft neben seinen Ahnen zur ewigen Ruhe verholfen. Unsinn! Er musste sich verhört haben.

Trotzdem horchte er aufmerksam, während er seinen Weg fortsetzte und eine Etage tiefer in sein Zimmer schlüpfte.

»Na endlich! Bist du bereit für unsere kleine Exkursion?«, fragte der Schädel gut gelaunt. Die Aussicht auf ein nächtliches Abenteuer schien ihm gut zu gefallen.

Johnny war in Gedanken noch immer bei dem Schrei. »Hast du das eben gehört?«, fragte er.

»Gehört? Was denn?«

»Na, den Schrei. Es klang ... es klang wie der schwertschwingende Highlander.« Besorgt sah Johnny den Schädel an.

»Der schwertschwingende Highlander, sagst du? Hahahaha! Du machst mir Spaß. Das ist absolut unmöglich. Da brauchst du dir keine Sorgen zu machen, mein Junge. Vertrieben ist vertrieben, und erlöst ist erlöst. Der kommt nicht mehr zurück.«

Johnny sah den Schädel skeptisch an.

»Und jetzt pack deine Sachen, damit wir uns auf den Weg machen können. Wer weiß, wie lange wir nach dem gräulichen Greisenhaupt suchen müssen.«

»Keine Sorge. Wir nehmen das Rad«, sagte Johnny. »Dann sind wir im Nu in Blacktooth. Ich hoffe nur, dass Russell auch dazukommt.« Und mit diesen Worten packte er zuerst Erasmus und dann seine Taschenlampe in den Rucksack.

»Hast du es bequem?«, fragte er, während er die Treppe hinunter in den Hof schlich.

»Nein. Es schaukelt wie die Nussschale von Schiff, auf der ich die Welt umsegelt habe. Du kannst von Glück sagen, dass ich keinen Magen habe.«

Johnny schlich quer über den Hof zum Fahrradschuppen. Da hörte er wieder diesen leisen Trommelwirbel. Genau wie am

Tag zuvor. Eine Gänsehaut lief ihm über den Rücken. »Hast du die Trommel gehört?«, flüsterte er.

»Nein«, kam es aus dem Rucksack. »Du leidest vermutlich unter den Nachwirkungen der Geisterjagd. So was soll vorkommen.«

»Kann das noch schlimmer werden?«

»Natürlich! Schlimmer geht immer«, grunzte der Schädel.

»Na, dann bin ich ja beruhigt«, murmelte Johnny. Er schob sein Rad über den Hof und stieg erst auf, nachdem er das Burgtor hinter sich gelassen hatte. Der Mond schien so hell, dass er trotz der Dunkelheit den Weg gut erkennen konnte. Wie von allein rollte sein Rad die asphaltierte Straße hinunter, und er brauchte nichts weiter zu tun, als ab und zu auf die Bremse zu treten.

Kurze Zeit später hatten sie das nächtliche Blacktooth erreicht, und Johnny rumpelte klappernd über die steinerne Brücke. Ab jetzt musste er wieder in die Pedale treten, denn der Friedhof und das *Hobgoblin* lagen auf einer kleinen Anhöhe über der Stadt.

An einer Straßenecke hielt Johnny an und sah sich enttäuscht um. Russell war nirgends zu sehen. Nur ein alter Mann, der seinen Hund Gassi führte, schlurfte auf der anderen Straßenseite heran.

Der junge Geisterjäger warf einen Blick auf die Uhr. »Ich glaube nicht, dass Russell noch kommt«, murmelte er Richtung Rucksack.

Der alte Mann auf der anderen Straßenseite blieb stehen und sah sich um. Dann kam er herüber. Gebeugt und bedächtig setzte er einen Fuß vor den anderen. Johnny tat, als würde er ihn nicht bemerken. Alte Leute konnten mitunter etwas seltsam sein. Trotzdem beobachtete er ihn aus den Augenwinkeln. Der Mann zog seinen Hund hinter sich her und kam direkt auf ihn zu.

Da fiel Johnny etwas auf, das sein Herz schneller schlagen ließ. Mit dem Kerl stimmte etwas nicht. Der Bart war nicht echt.

»Solltest du nicht längst im Bett liegen, Johnny Sinclair?«, krächzte der alte Mann.

Mit einem Ruck hatte Johnny den Bart in der Hand.

»Russell!«, keuchte er.

»Genial, oder?«, grinste sein Freund und ließ den kleinen Hund von der Leine. »Lauf nach Hause, Titus! Geh ... lauf zu Frauchen!«

»Für diese Aktion hast du was gut ...«, versprach Johnny wütend. »Wo hast du den Hund überhaupt her?«

Russell grinste zufrieden. »Titus gehört unserer Nachbarin. Er stromert nachts immer in der Gegend rum. Auf die Idee, mich zu verkleiden, bin ich gekommen, als meine Mutter die Weihnachtskiste aus dem Keller geholt hat, um sie auszumisten. Besser, man erkennt mich nicht, wenn wir zusammen unterwegs sind.«

»Hast du die Visitenkarten?«, fragte Johnny.

»Logisch!« Russell zog einen Stapel Karten aus seiner Manteltasche. Gespannt nahm Johnny sie ihm aus der Hand. Er war nicht sicher, ob es am Vollmond oder am Schein der Straßenlaterne lag ... Aber die Karten sahen fantastisch aus. Gelbe Schrift auf schwarzem Grund. Dazu ein paar Vampirfledermäuse ... Super! Und hochprofessionell. Damit konnte man zufrieden sein.

»Die nehme ich gleich mit«, sagte Johnny und verstaute die Karten in seinem Rucksack. Dann sah er seinen Freund an, schwang sich wieder auf sein Rad und fuhr los. »Und jetzt lass uns nach Millie sehen. Vielleicht ist die Hintertür nicht verschlossen.«

»Du ... weißt schon ... dass sie uns in den Knast stecken können ... wenn sie uns in Millies Haus erwischen ... oder?«, fragte Russell, während er schnaufend neben Johnnys Rad herlief.

»Dann lassen wir uns eben nicht erwischen, so einfach ist das«, erwiderte Johnny. Und gleich darauf hatten sie das *Hobgoblin* erreicht.

Hier war wesentlich mehr los. Ein Auto kam ihnen entgegen, und Männer, die ein Bier zu viel hatten, kreuzten ihren Weg.

Johnny stellte sein Rad bei der Kirche ab, und im Schatten knorriger Alleebäume pirschten sie sich von hinten an das *Hobgoblin* heran. Die hölzerne Pforte hing schief in den Angeln. Jemand hatte versucht, sie mit einem Strick zu verschließen,

doch weder Johnny noch Russell hatten Probleme, sich durch die Pforte zu zwängen.

Der hintere Garten des Pubs war dunkel und ruhig. Ein paar alte Obstbäume hatten hinter seinem Zaun überlebt und gaben den zwei Geisterjägern die nötige Deckung. Vorsichtshalber nahm Johnny schon mal die Taschenlampe aus dem Rucksack und steckte sie sich hinten in die Hosentasche.

Die unteren Fenster waren erleuchtet. Stimmengewirr und Musik drangen zu ihnen nach draußen. So nah wie möglich schlichen sie an das Haus heran.

»Hast du eine Ahnung, hinter welchem der Fenster Millies Zimmer liegt?«, fragte Russell und blieb unschlüssig unter einem Apfelbaum stehen.

Johnnys Blick huschte über die Fenster der oberen Etage. »Was hältst du von dem mit dem Kürbiskopf auf der Fensterbank?«

Russell nickte. »Das könnte passen. Es sei denn, es ist das Fenster von Millies kleinem Bruder ...«

»Das werden wir gleich rausfinden.« Johnny lief geduckt rüber zum Haus und warf – *klack, klack* – ein paar Kieselsteine gegen Millies Scheibe. Doch in ihrem Zimmer blieb alles ruhig.

»Sie scheint einen gesunden Schlaf zu haben«, stellte Russell fest, der Johnny gefolgt war und ebenfalls einige Steinchen gegen Millies Fensterscheibe prasseln ließ.

Johnny sah sich suchend um. Ein paar leere Bierfässer stan-

den an der Hauswand, und ein Spalier, an dem eine Pflanze kümmerlich vor sich hin rankte, gab es praktischerweise auch.

»Wenn wir die Fässer übereinanderstapeln, kann ich an dem Spalier bis zu ihrem Fenster klettern«, sagte Johnny. »Los, pack mal mit an.«

Mit vereinten Kräften stapelten sie die Aluminiumfässer übereinander, und Johnny wollte gerade daraufsteigen, als Russell ihn wortlos anstieß. »Guck mal da!« Er deutete auf die Hintertür, in deren Holz tiefe Kratzer zu sehen waren.

Johnny ging näher und ließ seine Finger ungläubig darübergleiten. Die tiefen Furchen im Holz entsprachen den fünf Fingern einer Hand.

»Wer oder was kratzt wohl so tiefe Rillen in eine Tür?«, fragte Russell.

»Jemand, der unbedingt reinwollte oder ungeheuer wütend war«, antwortete Johnny. Unbehaglich sahen sich die beiden Geisterjäger an.

Russell straffte die Schultern. »Ach was!«, sagte er. »Diese Schrammen können auch tausend andere Gründe haben.«

Mit Russells Hilfe stieg Johnny auf die Bierfässer und hangelte sich von dort weiter bis zum Spalier, an dem er zu Millies Fenster hinaufklettern konnte. Die Vorhänge waren nur halb geschlossen, und Johnny griff gerade nach der Taschenlampe, als plötzlich ein Lichtkegel ins Zimmer fiel und Millies Mutter hereinkam.

Hastig zog er den Kopf ein und presste sich gegen die Hauswand. Keine Sekunde zu früh, denn schon öffnete Mrs Edwards das Fenster. Johnny verschlug es beinahe den Atem. Ein stechender Geruch aus Knoblauch und Weihrauch strömte aus Millies Zimmer. Vorsichtig lugte Johnny durchs Fenster. Und wirklich! An dicken Strängen hing der Knoblauch von der Zimmerdecke, und in einer Schale räucherte körniger Weihrauch vor sich hin. Kein Wunder, dass Millie wie betäubt in ihrem Bett lag. Bei dem Gestank!

Ihre Mutter sprach mit ihr, und Millie murmelte eine Antwort, die Johnny nicht verstehen konnte. Eins war klar. Der Besuch hatte sich erledigt. So schlapp, wie Millie da in ihrem Bett lag, war sie ganz sicher nicht in der Verfassung, mit ihnen zu plaudern.

So leise wie möglich trat Johnny den Rückzug an. Er kletterte über das Spalier nach unten und tastete vorsichtig nach den Fässern unter seinen Füßen.

»Pass auf!«, warnte Russell. Da brach die Pyramide auch schon polternd in sich zusammen, und die Fässer rollten rumpelnd über den Boden.

»Schnell weg!«, rief Johnny.

Sie schafften es gerade noch hinter den Stamm des alten Apfelbaums, als Millies Mutter auch schon am Fenster war. Doch statt den Garten nach der Ursache des Geräuschs abzusuchen, schloss sie hastig das Fenster und zog die Vorhänge wieder zu.

»Puh, das war knapp«, keuchte Johnny.

»Hast du Millie gesehen?«, fragte Russell.

Johnny nickte. »Sie lag in ihrem Bett. Aber ihr ganzes Zimmer war voller Knoblauch und hat nach Weihrauch gerochen.«

»Das klingt eher nach Heimsuchung als nach Pustelfieber«, kam die trockene Stimme des Schädels aus seinem Rucksack. »Man konnte den Weihrauch ja bis in den Garten riechen.«

»Och nee! Ist der etwa auch hier? Warum hast du den denn mitgebracht?«, stöhnte Russell.

»Er heißt Erasmus von Rothenburg und hat hier etwas Wichtiges zu erledigen, du Drops!«, brummte Erasmus.

Johnny öffnete den Reißverschluss seines Rucksacks und schaute hinein. »Hier stimmt doch was nicht, oder?«

»Absolut«, antwortete der Schädel. »Ich will auf der Stelle einen Besen fressen, wenn ihre Krankheit nichts mit dem Auftrag an euch zu tun hat. Ihr müsst unbedingt mit ihr reden. Solange wir nicht wissen, was los ist, können wir ihr auch nicht helfen.«

7. Kapitel

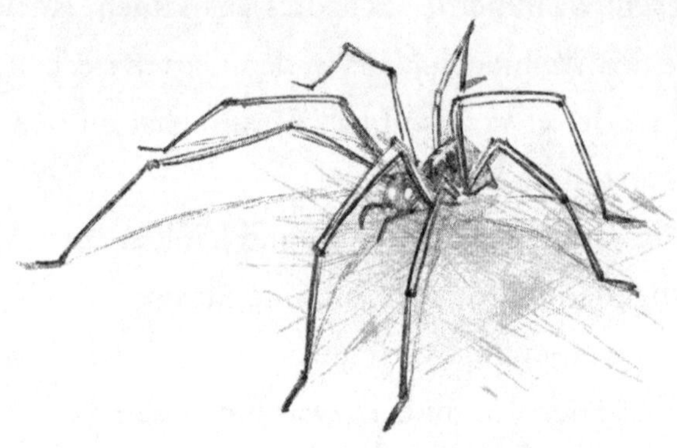

Spinnen und Häupter

»Ich finde, der Schädel nervt!«, flüsterte Russell, während sie nebeneinander zum Friedhof liefen. »Warum sollen wir uns für ihn die Nacht um die Ohren schlagen? Und noch dazu an diesem Ort? Wer weiß, ob das komische Greisen-Dingsbums da überhaupt wächst. Ich an deiner Stelle würde ihn ins Regal stellen und alle paar Wochen abstauben.«

»So funktioniert es aber nicht«, gab Johnny zurück. »Wir müssen ihn schon ein bisschen bei Laune halten, wenn wir als

Geisterjäger Erfolg haben wollen. Niemand versteht davon mehr als er.«

»Vollkommen richtig!«, kam es grimmig aus dem Rucksack. »Und wenn ihr mir so richtig gute Laune machen wollt, legt ihr jetzt einen Zahn zu und sucht nach diesem verflixten Greisenhaupt, damit wir es zur Geisterstunde pflücken können.«

Das schwarze, schmiedeeiserne Tor des Friedhofs war nachts eigentlich immer verschlossen. Doch seit Mr Turner, der Küster, Rheuma hatte, stand es jede Nacht offen.

Die Kirchturmuhr schlug Viertel vor zwölf, und Johnny zuckte unwillkürlich zusammen.

»Beeilung!«, drängte der Schädel. »Uns bleibt nicht mehr viel Zeit. Wir müssen nach hinten, in den alten Teil des Friedhofs.«

Johnny schaltete seine Taschenlampe ein, und sie liefen auf engen geharkten Wegen einmal um die Kirche herum, bis sie schließlich im ältesten Teil des Friedhofs standen. Die Gräber auf dieser Seite waren bis zu dreihundert Jahre alt, und die meisten von ihnen wurden längst nicht mehr besucht. Johnny ließ seine Taschenlampe über die grasbewachsenen Pfade zwischen den Gräbern wandern. Die alten Eiben, die hier und dort wuchsen, waren gewaltig, und auch die Luft in diesem Teil des Friedhofs war deutlich feuchter und kühler als im vorderen Teil.

»Wie sollen wir hier ein Kraut finden, von dem wir nicht mal wissen, wie es aussieht?«, maulte Russell.

»Es leuchtet im Dunkeln«, antwortete Johnny knapp.

Ein Windstoß wirbelte die Blätter von den Gräbern auf, und Johnny huschte ganz plötzlich eine Gänsehaut über den Rücken. Er wollte sich gerade nach Russell umdrehen, da packte ihn etwas am Knöchel.

Er stieß einen kurzen Schrei aus und fiel rückwärts in ein eingefallenes Grab. Erde und Laub dämpften seinen Fall. Langbeinige Spinnen liefen über seine Hände und krochen eilig im Schein der Taschenlampe davon.

Mit einem Satz war Johnny auf den Beinen und kletterte schnell wieder heraus.

»Alter Falter!«, stieß Russell hervor. »Bist du auf ein Skelett gefallen?«

Johnny schüttelte den Kopf. »Irgendetwas hat mich am Knöchel gepackt«, murmelte er.

»Um dich ins Grab zu ziehen …«, unkte Russell düster.

Johnny schluckte.

»Sieh mal, dahinten schimmert was!«

Johnny drehte sich nur widerwillig um. Es war schon erstaunlich, wie schnell Russell die Sache abgehakt hatte. Aber er hatte ja auch nicht da unten gelegen.

»Da, siehst du?« Aufgeregt deutete Russell ins Dunkel.

Johnny brauchte eine Weile, aber dann sah er es auch. Über einem der Gräber hatte eine silbrige Pflanze ihr knochenbleiches Wurzelgeflecht wie ein Netz ausgebreitet und schimmerte in der Dunkelheit.

Schnell nahm er Erasmus aus dem Rucksack. »Ist es das, wonach wir suchen?«, fragte er.

»Ja, das ist die Pflanze«, antwortete der Schädel. »Du brauchst dich aber nicht gleich draufzustürzen. Die Wurzeln sind sehr empfindlich ...«

»Ich stürze mich nicht freiwillig auf Gräber«, antwortete Johnny mürrisch. »Mich hat etwas am Knöchel gepackt ...«

»So?«, brummte der Schädel und hatte doch nur Augen für das gräuliche Greisenhaupt.

Erneut fuhr ein kalter Wind über den Friedhof und ließ die Blätter tanzen. »Ich habe genug für heute«, meinte Russell. »Lass uns die Pflanze pflücken, und dann nichts wie nach Hause.«

Johnny holte sein Taschenmesser aus dem Rucksack.

»Moment!«, rief der Schädel. »Die Turmuhr hat noch nicht zwölf geschlagen. Wartet noch fünf Minuten.«

Johnny und Russell sahen sich unbehaglich an. Sie hatten keine Lust, auch nur eine Minute länger an diesem unheimlichen Ort zu bleiben.

»Ich hätte nie gedacht, dass fünf Minuten so lang werden können«, flüsterte Johnny.

»Und ich hätte nicht geglaubt, dass ich heute Nacht an einem offenen Grab stehen und darauf warten würde, dass es endlich Mitternacht schlägt«, antwortete Russell. »Was meinst du? Ob sich mit dem letzten Glockenschlag auch alle anderen Gräber öffnen?«

»Da!« Nervös stieß Johnny Russell an. »Da steht jemand!« Hinter dem Stamm einer alten Eibe leuchteten zwei Augen. Ohne zu blinzeln, starrten sie zu ihnen herüber. Dann war das Leuchten ganz plötzlich erloschen, und zwei flammenartige Lichter zogen ziellos zwischen den Gräbern hin und her.

»Was ist das?«, fragte Russell mit bebender Stimme.

»Irrlichter«, antwortete Erasmus. »Sie sind harmlos. Ihr dürft ihnen nur nicht folgen, dann passiert euch auch nichts.«

»Sicher?«, fragte Russell.

In diesem Moment schlug die Turmuhr das erste Mal. Johnny zuckte zusammen, und die Irrlichter waren verschwunden.

»Jetzt aber schnell! Worauf wartet ihr?«, feuerte Erasmus die Geisterjäger an.

Johnny holte sein Schweizer Taschenmesser heraus und schnitt das silbrige Wurzelgeflecht ab. Es legte sich wie Spinnweben um seine Finger. »Boah, ist das eklig!«, murmelte er.

»Sehr schön!«, lobte Erasmus. »Pack es ein, und dann nichts wie weg! Hier kann es gleich verdammt ungemütlich werden.«

Das ließen sich die Jungs nicht zweimal sagen. So schnell sie konnten, liefen sie über den Friedhof und erreichten sicher den Ausgang. Dabei hätten sie schwören können, dass die ersten Grabsteine schon anfingen zu wackeln ...

Nachdem Johnny sein Rad an der Mauer vor der Kirche abgeholt hatte, trennten sich ihre Wege.

»Mach's gut, Alter!«, sagte Russell, und seine Augen blitzten.

»Bis morgen«, antwortete Johnny und schwang sich aufs Rad. Es war nicht das erste Mal, dass Russell ihn mit seiner Abenteuerlust verblüffte.

Johnny musste ganz schön in die Pedale treten, um es den Weg zur Burg hinaufzuschaffen. Trotz des kalten Windes stand ihm der Schweiß auf der Stirn.

»Du kannst nicht zufällig ein bisschen zaubern, oder?«, schnaufte er.

»Machst du etwa schon schlapp?«, kam es aus dem Rucksack.

»Nein!«, knurrte Johnny und strampelte weiter.

»Wenn ich da so an meine eigene Jugend denke«, plapperte der Schädel munter drauflos. »Der Marathonlauf nach Athen ... Was waren wir für Teufelskerle!«

»Das glaubst du doch wohl selber nicht«, schnaubte Johnny. »Du warst nie und nimmer auf der Welt, als der erste Marathonlauf stattfand.«

»Habe ich das behauptet?«, blubberte der Schädel. »Ich habe nur an den legendären Lauf erinnert und darauf hingewiesen, was für Kerle wir waren.«

Es war bereits nach ein Uhr, als sie endlich im Burghof ankamen. »Ich bin fix und alle!«, schnaubte Johnny und schob sein Rad zurück in den Schuppen, damit Cécile am nächsten Morgen keinen Verdacht schöpfte. »Ich will nur noch ins Bett.«

»So ist es recht«, klapperte der Schädel in Johnnys Rucksack. »Aber vorher bringst du mich noch in meine Werkstatt ... äh, bitte.«

»In deine Werkstatt? Meinst du die Alchemistenkammer? Vergiss es, ich schleiche heute Nacht ganz bestimmt nicht mehr durch die Ruinen von Mordor!«

Die Kammer des Alchemisten befand sich im verfallenen Teil der Burg. Ganz unten im Gewölbe gab es einen Raum, in dem Erasmus vor langer Zeit an einer Formel für das ewige Leben geforscht hatte und den er auch jetzt wieder zu seinem Labor gemacht hatte.

»Dann nehmen wir den geheimen Weg durch die Bibliothek«, schlug der Schädel vor.

»Du gibst wahrscheinlich sowieso nicht eher Ruhe, oder?«, fragte Johnny.

»Nope!«

Also ging Johnny statt ins Bett hinauf in die Bibliothek. Er fühlte sich noch immer nicht wohl, nachts durch die dunklen Gänge der Burg zu schleichen. Nur zu gut waren ihm die Geister von Greyman Castle in Erinnerung, die ihn so manches Mal über die Flure gejagt hatten.

In der Bibliothek gab es einen Geheimgang, den nicht einmal die Geister kannten. Aber vielleicht waren sie auch bloß nicht auf Geheimgänge angewiesen. Johnny drückte auf den schielenden Wasserdämon am Sims des Kamins, und schon öffnete

sich darin eine geheime Tür. Bewaffnet mit seiner Taschenlampe stieg Johnny die enge Wendeltreppe hinab und stand schließlich vor einer hölzernen Wand. Er zog einen Hebel, und die Wand glitt zurück.

Der Weg in die Kammer des Alchemisten war frei. Johnny blieb wie angewurzelt stehen. Es war eiskalt. Zarter Raureif hatte sich über den Tisch, die Truhe, die Wände und den Boden gelegt.

»Was ist? Holst du mich jetzt endlich raus, oder soll ich hier drinnen Moos ansetzen!«, beschwerte sich der Schädel.

Johnny stellte seinen Rucksack auf dem Tisch ab. »Ganz schön schattig hier unten«, meinte er, während er Erasmus herausholte. Mit einem unguten Gefühl in der Magengegend sah er sich um. Die dünne Eisschicht erinnerte ihn unangenehm daran, dass er in seinem Zimmer mal etwas ganz Ähnliches erlebt hatte.

Erasmus räusperte sich. »Besser, du gehst jetzt«, sagte er, und sein Mondsteinauge leuchtete so hell, wie Johnny es noch nie gesehen hatte.

»Willst du wirklich hierbleiben?«, fragte er zaghaft. »In meinem Zimmer ist so etwas auch schon mal passiert.«

»Wann war das?«, fragte der Schädel.

»Kurz bevor ich dich gefunden habe«, antwortete Johnny. »Cécile meinte, jemand hätte für einen Moment die Tür zum Jenseits geöffnet.«

»So, meinte sie das?« Der Schädel ließ sein Mondsteinauge durch den Raum wandern. »Und was habt ihr daraufhin unternommen?«

»Wir haben das Fenster geöffnet und afrikanische Traumwurzel auf die Türschwellen gestreut.«

»Afrikanische Traumwurzel ... soso. Und? Hat es geholfen?«

Johnny nickte. »Es hat seitdem keinen weiteren Vorfall gegeben.«

»Also gut. Dann geh jetzt ins Bett, und lass mich hier unten allein.«

»Aber ...«

»Kein Aber ... geh!«, knurrte der Schädel. »Und vergiss nicht, das gräuliche Greisenhaupt hierzulassen. Ich denke, ich werde es bald brauchen.«

8. Kapitel

Schlimme Geschichten

Am nächsten Morgen wurde Johnny von Cécile geweckt.

»Aufstehen, Schlafmütze!«, trompetete sein Kindermädchen, und Johnny wurde schlagartig klar, wie dankbar er für seinen Wecker mit der Schlummertaste war. »Alles in Ordnung? Man sollte meinen, du hättest genug geschlafen, nachdem du gestern Abend so zeitig ins Bett gegangen bist.«

Mit einem Ruck zog Cécile die schweren Vorhänge an seinem Bett zurück. Regentropfen klopften gegen die Burgfens-

ter, was bedeutete, dass es nicht nur regnete, sondern dass auch ein starker Wind wehte und den Regen schräg über den Burghof blies.

»Warum weckst du mich bei so einem Wetter?«, beschwerte sich Johnny und drehte sich auf die andere Seite.

Energisch zog ihm Cécile die Bettdecke weg. »Raus aus den Federn, ohne zu zetern!«, rief sie streng.

Was blieb ihm also anderes übrig? Mürrisch rollte er sich aus dem Bett und zog sich an.

In der Küche stand Mrs Adams über die Tageszeitung gebeugt und schüttelte ungläubig den Kopf. »Es ist einfach unglaublich!«, schimpfte sie. »Wo ist die Polizei, wenn man sie braucht? Die machen sicher wieder einen Angelausflug oder schreiben Bußgeldtickets ...«

»So schlimm?«, fragte Johnny und versuchte, einen Blick über Mrs Adams' Schulter zu werfen.

»Das kann man wohl sagen. In der Gärtnerei und bei Mrs Potter wurde eingebrochen. Als ob die alte Frau etwas besäße, das sich zu stehlen lohnt. Die paar Pennys für ihre Katzen spart sie sich unter der Woche vom Munde ab.« Mrs Adams zuckte mit den Schultern. »Na ja. Vielleicht ruft der Pfarrer am Sonntag zu einer Kollekte auf, schließlich singt die alte Potter in seinem Chor.«

Johnny warf einen Blick in die Zeitung. *Was ist bloß in Blacktooth los?*, titelte der *Daily Scotsman*.

Er überflog den Artikel, aber es stand nichts drin, was ihm Mrs Adams nicht schon erzählt hatte. In der Gärtnerei hatten Unbekannte sämtliche Blumenkübel umgeworfen und junge Pflanzen aus dem Boden gerissen. Und bei Mrs Potter waren ein paar Fensterscheiben zu Bruch gegangen.

Johnny aß seinen Porridge und war eine halbe Stunde später auf dem Weg zur Schule.

Genauso ungemütlich, wie der Tag begonnen hatte, machte er weiter. Millie war wie zu erwarten immer noch nicht wieder in der Schule, und dann bekamen sie auch noch den Mathetest zurück. Ein Blick auf all die roten Zeichen genügte Johnny, um die Arbeit ungelesen im Rucksack verschwinden zu lassen.

»Wir treffen uns gleich beim Bäcker«, sagte Russell. »Ich muss vorher noch nach Hause, sonst wundert sich meine Mum.«

Johnny nickte. Sie wollten nach der Schule ihre Visitenkarten in der Stadt verteilen, bevor der Erfolg ihrer letzten Geisterjagd in Vergessenheit geriet. Doch da schlug Johnny sich mit der flachen Hand vor die Stirn. »Och nee, ich habe die Karten vergessen!«

»Machst du Witze? Ich musste Bronzo bestechen und mir den Mund fusselig reden, damit er uns heimlich die Karten druckt, und du lässt sie einfach zu Hause liegen? Tolle Wurst!«

»Tut mir leid!«, sagte Johnny zerknirscht. »Hast du nicht noch welche zu Hause?«

»Nur ein paar. Du hast gesagt, bei dir wären sie sicherer.«

»Ein paar sind besser als keine«, meinte Johnny. »Ich warte beim Bäcker auf dich.«

Russell nickte. »Na gut. Bis gleich!«

Während Russell nach Hause lief, drückte sich Johnny in der Bäckerei herum. Denn draußen tropfte der Regen von den Bäumen, dass es nur so spritzte.

»Na, junger Mann. Was darf es denn sein?«, fragte die Verkäuferin hinter dem Tresen.

»Ich ... ach ...« Johnny fiel ein, dass er nicht nur die Visitenkarten vergessen hatte, sondern auch sein Geld. »Ich habe leider kein Geld«, murmelte er und warf einen missmutigen Blick aus dem Fenster. »Eigentlich warte ich auf einen Freund.«

Die Verkäuferin hatte verstanden. »Also gut. Setz dich dahinten an den Tisch. Heute ist sowieso nicht viel los. Magst du einen Becher Kakao?«

»Ja, gerne!«, antwortete Johnny überrascht. Der Tag schien sich tatsächlich noch zu entwickeln. Und dann saß er gemütlich an einem der tiefen Fenster, schlürfte einen heißen Kakao mit Sahnehäubchen und beobachtete die wenigen Menschen, die bei diesem Wetter mit Regenschirm und griesgrämigen Gesichtern unterwegs waren.

Er hatte seinen Kakao gerade ausgetrunken, da kam eine runde Gestalt in einer roten Regenjacke und Gummistiefeln mit Fliegenpilzen drauf über die Straße geflitzt.

Johnny starrte seinen Freund an. Sah Russell denn niemals in den Spiegel? Er musste doch merken, dass er eher nach Rotkäppchen als nach Geisterjäger aussah. Da flog die Tür auch schon auf, und Russell patschte herein.

»Du hast es gut. Sitzt hier gemütlich rum, während ich durch Regen und Wind flitze.«

»Hast du die Karten?«, fragte Johnny.

»Na klar. Aber es war gar nicht so einfach«, erklärte Russell. »Ich hatte sie nämlich in der Druckerei versteckt. Damit meine Mum sie nicht findet, wenn sie mein Zimmer aufräumt. Und als ich sie holen wollte, standen mein Vater und Bronzo da und haben sich wegen irgendwelcher falscher Abrechnungen angeblafft. Mein Dad war ziemlich geladen.«

»Und? Hast du sie trotzdem?«, fragte Johnny gespannt.

»Logisch. Die beiden haben mich gar nicht bemerkt.«

»Prima. Dann lass uns jetzt die Karten verteilen.«

Russell sah seinen Freund skeptisch an. »Hast du keinen Schirm?«

»Nein!«, sagte Johnny und schlug den Kragen seiner Jacke hoch. Er verabschiedete sich bei der netten Verkäuferin und drückte ihr ganz nebenbei seine Visitenkarte in die Hand. »Vielen Dank. Und sollten Sie mal ein Geisterproblem haben, zögern Sie nicht, uns anzurufen.«

»Ich werde es mir merken«, lachte die Verkäuferin und steckte die Karte in ihre Schürzentasche.

»Wohin gehen wir zuerst?«, fragte Russell.

»Zum Supermarkt«, meinte Johnny. »Wir pinnen eine Karte ans Schwarze Brett.«

»Okay, und danach gehen wir in die Bibliothek, zur Tankstelle und ins Hotel. Hotels sind oft Orte, an denen es spukt«, meinte Russell. Johnny zog den Kragen seiner Jacke noch etwas höher und war bereit.

Die beiden Geisterjäger verteilten ihre Visitenkarten überall dort, wo viele Menschen vorbei- oder zusammenkamen. Die Reaktionen waren durchweg positiv. Sogar der Eismann, der im Winter Pizza verkaufte, versprach, die Karte der Geisterjägeragentur an seine Kasse zu kleben.

»Ich habe gesehen, wie der Geist sich von den Zinnen in den Burghof gestürzt hat. Und ich habe gesehen, wie ihr ihn dann in die Zange genommen habt. Das war ganz großes Kino!«, sagte er voller Bewunderung.

Auch in der Pension *Schatzkiste* erinnerte man sich an die beiden Geisterjäger.

»Respekt, ihr zwei!«, brummte Mr Gardener, der Besitzer der Pension.

Und seine Frau flüsterte: »Manchmal faucht der Ofen in unserer Küche, dass einem angst und bange wird.«

Johnny und Russell grinsten. »Wenn er das noch einmal tut, zögern Sie nicht, und rufen Sie uns an. Unsere Nummern stehen auf der Rückseite.«

Weil der Empfang auf der Burg so schlecht war, hatten sie beide Nummern angegeben. Es blieb nur zu hoffen, dass niemand auf Russells Handy anrief, während er mit seinen Eltern beim Abendbrot saß.

»Schade, das war die Letzte«, sagte Russell bedauernd, nachdem sie die letzte Karte verteilt hatten. »Zu blöd, dass du deine Karten vergessen hast.«

»Eine habe ich noch«, sagte Johnny. »Was meinst du, wollen wir die im *Hobgoblin* abgeben?«

Sein Freund verzog das Gesicht. »Eher nicht. Ich kann mir nicht vorstellen, dass Millies Mutter besonders erfreut wäre, uns so schnell wiederzusehen.«

In diesem Moment klingelte Johnnys Handy. Es war Cécile. »Johnny, wo bleibst du denn? Deine Eltern kommen nach Hause, und du bist nicht da. Ich bin schon auf dem Weg nach Inverness, um sie abzuholen.«

»Tut mir leid, ich wurde aufgehalten«, murmelte Johnny. »Aber ich mache mich sofort auf den Weg. – Ich muss los«, sagte er, nachdem er aufgelegt hatte. »Meine Eltern kommen jeden Moment nach Hause. Ich bin gespannt, was sie diesmal mitbringen.« Er lachte. »Beim letzten Mal hatten sie Schrumpfköpfe aus Neuguinea dabei.«

»Echt?« Russell sah ihn mit großen Augen an. »Meinst du, ich kann morgen Nachmittag vorbeikommen? Da habe ich nämlich wieder Chorprobe.« Er zwinkerte Johnny vielsagend zu.

»Von mir aus«, antwortete Johnny. »Aber jetzt muss ich flitzen, sonst verpasse ich den Bus.«

Im Burghof lief Johnny prompt Mrs Adams in die Arme. Die Köchin war gerade angekommen und stellte ihr Rad in den Fahrradständer.

»Hallo, Johnny!«, rief sie schnaufend.

»Hallo, Mrs Adams, was machen Sie denn so spät noch auf der Burg?«

»Na, du stellst Fragen«, sagte die alte Frau und deutete mit dem Kopf auf den vollen Korb, der hinten auf ihrem Gepäckträger stand. »Deine Eltern kommen heute zurück. Cécile hat mich gebeten zu kochen. Es gibt Haggis, Neeps und Tatties. Damit sie sich gleich wieder zu Hause fühlen.«

Johnny verzog das Gesicht. Schafsmagen, Steckrüben und Kartoffeln. Nicht gerade sein Leibgericht, aber ganz sicher schottisch. Ungefragt hob er den schweren Korb vom Rad.

»Du bist ja ein richtiger Gentleman«, lobte Mrs Adams. »Kommst du etwa jetzt erst aus der Schule?«

Johnny nickte und trug den Korb ins Haus. Er wollte möglichst schnell nach Erasmus sehen.

»... die arme Mrs Edwards«, sagte Mrs Adams gerade.

Mit einem Schlag hatte sie Johnnys Aufmerksamkeit. »Was ist mit Millies Mutter?«

Mrs Adams sah ihn mit großen Augen an. »Hast du es denn

noch nicht gehört? Sie haben Millie nach Inverness gebracht, in eine Spezialklinik. Das arme Ding hatte Schüttelfrost und schrecklichen Ausschlag am ganzen Körper.«

Millie war im Krankenhaus? Überrascht starrte Johnny Mrs Adams an. »Weiß man schon, was sie hat?«, fragte er.

Die alte Frau schüttelte den Kopf und stieß die Tür zur Küche auf. »Nein, aber in Inverness ist sie gut aufgehoben. Da gibt es viele Spezialisten ... Stell den Korb bitte auf den Tisch. Magst du ein paar Trauben?«

»Nein danke. Ich ziehe mich jetzt besser um. Mum und Dad werden sicher bald hier sein.«

Kaum hatte Johnny die Tür zur Küche geschlossen, sprintete er hoch in die Bibliothek und versuchte gleichzeitig, Russell auf dem Handy zu erreichen. Vergeblich. Keine Verbindung. Er tastete am Kaminsims nach dem Mechanismus, der die geheime Tür öffnete, und betrat den dunklen Gang. Vorsichtig tappte er die Treppe hinunter und zog an dem Hebel, der das Regal vor der Geheimtür zurückgleiten ließ. Dann betrat er die Kammer.

»Meine Eltern kommen. Du musst dich eine Weile verstecken«, sagte er. Keine Antwort. »Erasmus?« Johnny zündete den Kerzenstummel an, der auf dem groben Holztisch klebte, und sah sich um. Nichts. Der Tisch war leer. Vom Schädel fehlte jede Spur. Nur eine kleine feuchte Stelle auf dem Boden erinnerte an die Kälte, die gestern Nacht hier geherrscht hat-

te. Das konnte doch nicht wahr sein! Erasmus hatte unbedingt hierbleiben wollen. Und jetzt war er einfach ... fort?

»Erasmus?!«, rief Johnny zaghaft. Keine Antwort.

Vorsichtig ging der Geisterjäger zur Tür und spähte hinaus in den dunklen Gang. Das Gewölbe der Burg war vollständig erhalten. Links befand sich die Gruft der Sinclairs, und rechts ging es zum verfallenen Treppenturm und zum Angstloch, in das man in früheren Jahrhunderten die Gefangenen geworfen und sie ihrem Schicksal überlassen hatte. Beides nicht besonders reizvoll, fand Johnny.

Er verließ die Kammer durch den Geheimgang. Seine Eltern würden bald hier sein, und er hatte keine Ahnung, wo er mit der Suche nach dem Schädel anfangen sollte. Unschlüssig drehte er sich noch einmal um. Obwohl ihm der alte Klapperkopf manchmal gehörig auf die Nerven ging, machte er sich doch Sorgen um ihn.

9. Kapitel

Haggis, Neeps und Tatties

Von den Zinnen der Burg konnte man weit über das Land sehen. Johnny stand hoch oben auf dem Mäuseturm, zwischen Krähennestern und Taubendreck, und hielt Ausschau nach dem schwarzen Bentley, mit dem Cécile seine Eltern abholen wollte.

Und dann kamen sie endlich. In flottem Tempo schlängelte sich der Wagen die Serpentinen zur Burg hinauf. So schnell er konnte, lief Johnny runter in den Hof, um seine Eltern zu begrüßen.

Cécile hatte gerade vor dem Eingangsportal gehalten, da flog auch schon die Autotür auf, und Johnnys Mutter sprang heraus. Sein Vater folgte ihr etwas langsamer.

»Johnny!«, rief seine Mutter und fiel ihm lachend um den Hals.

»Hi, Mum!« Johnny grinste von einem Ohr zum anderen. »Schön, euch endlich wiederzusehen!«

»Darf ich auch mal?«, fragte sein Vater und drückte Johnny gleich darauf an sich. »Ich könnte wetten, du bist in den drei Monaten um das Doppelte gewachsen. Oder was meinst du, Anni?« Johnny strahlte.

»Ich störe nur ungern«, sagte Cécile. »Aber Mrs Adams ist dabei, ein großartiges Abendessen vorzubereiten. Falls ihr euch noch frisch machen wollt ...«

Johnny verzog das Gesicht.

Sein Vater lachte. »Lass mich raten: Es gibt Haggis, Neeps und Tatties, stimmt's?«

»Woher weißt du das?«, staunte Johnny.

»Ich kenne die alte Mrs Adams eben schon etwas länger als du«, lachte sein Vater.

»Geht schon mal rein. Ich parke nur kurz den Wagen um«, sagte Cécile.

»Lord und Lady Sinclair! Wie schön, Sie wieder auf der Burg zu sehen!« Mrs Adams kam ihnen aus der Küche entgegen und trocknete dabei ihre Hände an ihrer Küchenschürze ab. »Das

Essen ist jeden Moment fertig. Setzen Sie sich doch solange in den kleinen Salon. Mr Hopps hat den Kamin angefeuert. War ja ein scheußliches Wetter heute.«

»Umso freundlicher ist es von Ihnen, heute Abend hierherzukommen und für uns zu kochen!«, antwortete Johnnys Mutter. »Wir bringen nur kurz unsere Koffer nach oben und sind gleich wieder da.«

Wenig später saß Johnny mit Cécile und seinen Eltern in dem kleinen Raum neben dem Esszimmer, den außer Mrs Adams niemand »kleiner Salon« nannte, und nippte an seinem Ginger Ale.

»Auf eure gesunde Heimkehr!«, prostete sein Kindermädchen in die Runde, und Gläser klirrten. Kurz darauf stand Cécile auf. »Ich werde Mrs Adams ein wenig bei den Vorbereitungen helfen. Ihr habt euch sicher eine Menge zu erzählen. Sobald das Abendessen fertig ist, rufe ich euch!« Und mit diesen Worten schwebte sie auch schon aus dem Raum.

Johnny lehnte sich zufrieden in seinem Sessel zurück und genoss den Augenblick. Es war schön, seine Eltern endlich wieder bei sich zu haben.

»Und, wie ist es dir ergangen?«, fragte sein Vater. »Hast du Cécile auch keinen Ärger gemacht?«

»Ach was. Ihr kennt mich doch«, lachte Johnny. »Cécile und ich verstehen uns prima.«

»Da hat er ausnahmsweise einmal recht«, sagte Cécile, die

zufällig mitgehört hatte, weil sie ein paar Gläser aus dem Schrank holen wollte.

»Hier war eigentlich alles wie immer«, sagte Johnny. »Es war neblig und kalt und langweilig ...« Natürlich wusste er, dass das eine faustdicke Lüge war. Aber wenn er erst vom Schädel und den Geistern anfing, würden seine Eltern keine Ruhe geben, bevor sie nicht alle Informationen aus ihm herausgequetscht hatten. »Und wie war's bei euch?«, fragte er deshalb.

Seine Eltern sahen sich an. »Ganz so spannend war es diesmal nicht. Aber wir haben unheimlich viel Ton- und Bildmaterial für unsere Vorträge zusammengetragen. Und ein paar wunderbare Artefakte für das Londoner Museum haben wir auch kaufen können«, erzählte seine Mutter.

»Darf ich sie mir angucken?«, fragte Johnny neugierig.

»Morgen«, vertröstete sein Vater ihn. »Deine Mum und ich sind hundemüde. Außerdem gibt es gleich Abendessen.«

Mrs Adams' Haggis, Neeps und Tatties schmeckten genauso, wie sie sich anhörten. Johnny würgte mit Mühe eine kleine Portion herunter, und anschließend saßen Cécile und die ganze Familie Sinclair gemütlich vor dem Kamin.

»Wenn es euch nichts ausmacht, bringe ich jetzt Mrs Adams nach Hause und verziehe mich dann auf mein Zimmer«, gähnte Cécile. »Auch wenn es bloß für ein paar Tage ist, gibt es eine Menge zu packen.«

Erstaunt sah Johnny sie an. »Du willst weg?«

Cécile nickte. »Ich werde meinen Bruder und seine Familie in Frankreich besuchen. Das haben wir gerade auf der Fahrt besprochen. Solange deine Eltern da sind, wirst du wohl auf mich verzichten können, oder?« Cécile gab ihm einen Stups auf die Nase und stand auf.

»Aber ... aber wer fährt mich dann morgens zur Schule?«, fragte Johnny, der sich schon strampelnd auf dem Rad sitzen sah.

»Das mache ich«, sagte seine Mutter. »Gönnen wir Cécile die kleine Auszeit vom schottischen Nebel. Sie sehnt sich nach der Sonne wie eine Blume nach dem Licht.« Mrs Sinclair zwinkerte Cécile zu.

»Besser hätte ich es nicht ausdrücken können«, gab Johnnys Kindermädchen lachend zurück. »Wir skypen!«, versprach sie Johnny und war schon aus der Tür.

Johnny schloss sich ihr wenig später an. Er wollte vor dem Zubettgehen noch einmal mit Russell sprechen. Unten im Hof wählte er seine Nummer.

»Ja?«, meldete sich sein Freund.

»Ken?«

»Was willst du? Ich schlafe schon«, brummte Russell.

»Ich will dich bloß auf dem Laufenden halten«, erwiderte Johnny. »Aber wenn es dich nicht interessiert ...«

»Doch, doch, erzähl schon!«

»Also, erstens: Sie haben Millie ins Krankenhaus gebracht, und zweitens: Erasmus ist weg.«

»Der Schädel ist weg?« Mit einem Schlag war Russell putzmunter. »Einfach weg?«

»Sag ich doch.«

»Und du hast ihn nicht irgendwie verlegt oder so?«

»Quatsch. Ich habe ihn gestern in die Kammer des Alchemisten gebracht, und jetzt ist er nicht mehr da ... Bist du noch dran?«

»Klar«, murmelte Russell. »Das klingt aber schon merkwürdig, oder? Ich meine, wohin sollte der Schädel denn gerollt sein? Hast du unter dem Schrank nachgesehen?«

»Logisch. Er ist weg. Einfach verschwunden. Und Millie ...«

»Um Millie brauchen wir uns keine Sorgen zu machen«, fiel Russell ihm ins Wort. »Sie ist im Krankenhaus hundertmal besser aufgehoben als im *Hobgoblin*.«

Wo Russell recht hatte, hatte er recht. »Wir sehen uns morgen in der Schule«, sagte Johnny.

»Und danach komme ich gleich mit zu dir. Haben deine Eltern die Kisten schon ausgepackt?«

»Nein, das machen sie morgen. Wir sehen uns. Gute Nacht!«, antwortete Johnny und legte auf.

Am nächsten Morgen fuhr ihn Cécile wie immer zur Schule.

»Ich werde dich vermissen«, sagte Johnny grinsend, als ihn sein Kindermädchen vor dem Schultor absetzte.

»Das will ich doch hoffen!«, lächelte Cécile. »Also, benimm dich anständig, solange ich weg bin.«

»Und du, vergiss das Wiederkommen nicht«, antwortete Johnny. Er umarmte sein Kindermädchen und verschwand zwischen den anderen Schülern.

»Ich bin fix und fertig!«, stöhnte Russell und ließ sich wenig später neben Johnny auf seinen Platz plumpsen. »Mein Vater hat's in der Schulter. Er kriegt den Arm nicht mehr hoch und kann nur noch humpeln. Meine Mutter meint, er hätte Zug bekommen, und hat mich heute Morgen um sechs zur Notfallapotheke geschickt, um Salbe zu holen. Ich musste den Apotheker rausklingeln. Und der hat mich angeguckt, als würde er mich am liebsten auffressen. Hast du heute Morgen schon in die Kisten geguckt?«

Johnny schüttelte den Kopf. »Es sind noch nicht alle Kisten da. Ein paar kommen erst im Laufe des Tages mit einer Spedition.«

»Ich bin echt gespannt!«, sagte Russell. »Wir müssen bloß aufpassen, dass meine Mum uns nicht sieht. Also lange an der Haltestelle rumlungern, bis der Bus kommt, ist nicht.«

Also lungerten sie nach der Schule nicht an der Haltestelle, sondern stattdessen auf dem Schulhof herum. Irgendwann wurden allerdings Barty und Alfie, die hinter den Mülltonnen wieder mal heimlich eine pafften, misstrauisch.

»Was hängt ihr hier so blöd rum, Sinclair?«, fragte Barty. »Schnüffelt ihr etwa hinter uns her?«

»Quatsch, ich wette, Schweinchen Schlau und er warten auf Mrs Underwood, um sich bei ihr einzuschleimen«, ätzte Alfie.

Johnny kickte einen Kiesel über den Hof und versuchte, die beiden zu ignorieren. Was für Schisser sie waren, hatten sie erst bei der letzten Geisterjagd bewiesen. Jetzt aber fühlten Barty und Alfie sich offenbar total mutig. Sie tuschelten und lachten dabei wie zwei Hyänen.

»Alles klar bei euch?«, blaffte Johnny sie an.

Russell zog ihn schnell mit sich fort. »Lass sie«, sagte er. »Ihr Hirn ist nicht größer als eine Erbse. Jede Amöbe ist schlauer als die!«

Den letzten Teil des Satzes hatte er laut gerufen, und jetzt war es klüger zu laufen. Denn erstens wollten sie den Bus nicht verpassen, und zweitens stürmten Barty und Alfie wie zwei wütende Gorillas hinter den Mülltonnen hervor.

Johnny und Russell rannten, so schnell sie konnten, und sprangen in den Bus, kurz bevor der Fahrer die Türen schloss.

10. Kapitel

Eine ungemütliche Wohngemeinschaft

Zu Hause waren Johnnys Eltern gerade dabei, ihre Kisten auszupacken. Mithilfe des Spediteurs hatten sie alles ins Esszimmer geschleppt, weil das Licht dort am besten war.

Als Johnny und Russell hereinkamen, wühlten sie gerade in einem Haufen Holzwolle herum, und wenig später hielt Johnnys Vater eine kunstvoll verzierte Maske in seinen Händen, die dem Betrachter die Zunge rausstreckte.

»Hallo, Jungs! Na, was meint ihr? Spätes 18. Jahrhundert,

würde ich sagen. Ein so gut erhaltenes Stück findet man sehr selten.«

»Na, die sieht ja witzig aus«, meinte Johnny.

»Hat die irgendetwas mit Karneval zu tun?«, fragte Russell.

Johnnys Vater schüttelte den Kopf. »Das ist eine sogenannte Geistermaske. Schamanen tragen sie bei bestimmten Zeremonien.«

»Und das hier ist ein ecuadorianischer Kalender.« Johnnys Mutter hielt zwei Steinscheiben in die Höhe, die durch einen Stift miteinander verbunden waren. »Die Scheiben lassen sich gegeneinander verschieben. Bauern haben einen solchen Kalender noch bis ins letzte Jahrhundert benutzt.«

»Cool. Und was habt ihr noch mitgebracht?«

»In dieser Kiste ist jede Menge Geschirr. Es ist nicht besonders alt, aber die Muster und Verzierungen darauf entsprechen eins zu eins dem Muster, mit dem man schon vor tausend Jahren Becher und andere Gefäße verziert hat.«

Johnny drehte einen der verzierten Becher in der Hand und legte ihn dann vorsichtig zurück in die Kiste.

»Und was ist da drin?«

»Das«, erklärte sein Vater, »ist das schönste Stück, das wir von unserer Reise mitgebracht haben. Wir haben es auf einem Markt in Ibarra entdeckt. Es lag dort zwischen T-Shirts und Tennissocken.« Er öffnete behutsam die Kiste und nahm einen wunderschönen Federumhang heraus. Er war so groß, dass sich

ein kleiner Mann problemlos darin einhüllen konnte. Und obwohl er schon ziemlich abgetragen aussah, konnte man doch die Pracht erahnen, in der das Gefieder einst geleuchtet haben musste.

»Er müsste bloß von einem Fachmann gereinigt werden, dann wäre er wie neu«, sagte Johnnys Mutter.

»Und wer trägt so was?«, wollte Russell wissen.

»Diesen Federmantel nennt man Traumgleiter. Auf seinen Schwingen können Schamanen in die Geisterwelt fliegen«, erklärte Johnnys Mutter.

Johnny und Russell ließen ehrfürchtig ihre Finger über das kühle glatte Gefieder gleiten. Währenddessen öffnete Johnnys Vater schon die nächste Kiste. »Hier sind Gefäße mit Salben, Pflanzensamen und Kernen drin. Sie werden als Heilpflanzen genutzt. Wir lassen ihre Wirksamkeit in einem Labor untersuchen.«

»Ich glaube, das war's.« Johnnys Mutter sah sich um. »In den restlichen Kisten sind nur ein paar Tonbandaufnahmen und Notizen. Wir bringen sie nachher rauf in die Bibliothek. Da ist genügend Platz, und wir können sie uns noch einmal in Ruhe angucken und anhören, bevor wir zu jedem Fundstück einen Bericht fürs Museum schreiben.«

»In die Bibliothek?«, fragten Johnny und Russell wie aus einem Mund und sahen sich alarmiert an. Die Bibliothek war neben der Kammer des Alchemisten Erasmus' Lieblingsplatz.

»Wir sollten dringend nachsehen, ob der Schädel nicht doch wiederaufgetaucht ist und jetzt in einem der Regale hockt!«, flüsterte Russell.

Johnny hatte genau denselben Gedanken gehabt. »Ähm, wenn ihr wollt, helfen wir euch, die Kartons raufzutragen, aber vorher müssen wir noch mal kurz weg.« Er schob Russell Richtung Tür.

Johnnys Eltern saßen noch immer mit leuchtenden Augen zwischen all ihren Schätzen. »Lasst euch ruhig Zeit«, sagte Johnnys Vater. »Mr Hopps hat versprochen, nachher mit anzupacken. Das schaffen wir schon.«

So schnell sie konnten, rannten die Jungs die Treppen hinauf. Sie stießen die Tür zur Bibliothek auf und blieben enttäuscht stehen. Das Lesepult, auf dem Erasmus so gerne saß, war leer. Nur das alte Hausbuch lag noch immer aufgeschlagen darauf.

»Manchmal versteckt er sich hinter dem Vorhang«, sagte Johnny. »Frag mich nicht, wie er dorthin kommt, aber es ist so.«

Er stieg die Regalleiter hinauf und schob den Vorhang zur Seite. Nichts. Von Erasmus fehlte noch immer jede Spur.

»Mist! Warum muss er ausgerechnet jetzt verschwinden?«, schimpfte Johnny. »Cécile macht Urlaub, und Erasmus hat sich verdrückt.«

»Oder er wurde entführt«, überlegte Russell.

Johnny sah ihn nervös an. »Ach was. Es war kein Fremder auf

der Burg. Und Barty und Alfie trauen sich ganz sicher nicht mehr hierher. Außerdem weiß Erasmus sich zu wehren. Er kann irgendwie Hitze erzeugen. Dann wird der Schädel heiß wie eine Herdplatte.«

Russell zuckte mit den Schultern. »Na ja, hier ist er jedenfalls nicht.«

Später, als Johnny im Bett lag und auch das Gemurmel seiner Eltern im Zimmer nebenan verklungen war, musste er wieder und wieder an Erasmus und die Kammer des Alchemisten denken. Wie kalt es darin gewesen war! Fast so, als wäre die Tür zum Jenseits erneut einen Spalt weit geöffnet worden. Je länger Johnny darüber nachdachte, desto wacher wurde er. Was, wenn Erasmus durch diesen Spalt verschwunden war? Der Gedanke ließ Johnny einfach keine Ruhe.

Leise stand er auf und schlüpfte in seine Jogginghose und einen Pullover. Dann schnappte er sich seine Taschenlampe und schlich noch einmal hinauf in die Bibliothek, um durch den Geheimgang nach unten zu steigen.

Ja, es war dunkel, es war kalt, und etwas Haariges huschte kurz vor ihm über den Flur. Aber Johnny wusste, dass er ganz sicher nicht schlafen konnte, wenn er nicht noch einmal nachsehen würde. Vielleicht war der Schädel tatsächlich bloß unter eins der Regale gerollt. Oder ihm war irgendein anderes Missgeschick passiert.

Johnny stand bereits vor der Tür zur Bibliothek, als er einen grünlichen Lichtschein bemerkte, der unter der Tür hindurch auf den Flur fiel. Waren seine Eltern vielleicht auch noch mal aufgestanden, um nach ihren Schätzen zu sehen?

Leise öffnete er die schwere Tür und zuckte sofort zurück. In der Mitte des Raumes stand der schwertschwingende Highlander, als wäre er nie fort gewesen. Grünes Geisterlicht flackerte um seine bleiche Gestalt. Johnny schluckte. Ihn hatte er hier ganz bestimmt nicht erwartet!

»Arrgh!«, schrie der Highlander prompt und ließ sein Schwert wie einen Propeller über seinem Kopf kreisen. »Ich werde einen Schaschlikspieß aus dir machen!«, drohte er und war mit einem Satz an der Tür.

Seine eisige Geisterhand schnellte vor und packte Johnny am Pulli. An Flucht war jetzt nicht mehr zu denken. Dort, wo der Highlander ihn festhielt, fingen die Fasern seines Pullis an, sich aufzulösen. Der Junge wusste, wie schmerzhaft der Kontakt mit Geisterwesen war. Obwohl er sich mit aller Gewalt dagegen sträubte, zog ihn der Geist näher und näher zu sich heran.

»Vielleicht sollte ich dir etwas Geisteratem einhauchen?«, knurrte er. »Dann weißt du ...!«

»Genug, Malcolm!«

Der Highlander ließ los, und Johnny wirbelte augenblicklich herum. Er kannte diese rostige Stimme, und da saß er! Ganz gemütlich im obersten Regal.

»Hahaha!«, dröhnte der Highlander. »Hast du gesehen, wie seine Hosen geschlottert haben? Köstlich! Da macht es direkt Spaß, ein Geist zu sein. Ich werde mich von jetzt an aufs Leute-Erschrecken verlegen. Da habe ich wenigstens was um die Ohren!«

»Besser, ihr schließt Frieden miteinander«, sagte Erasmus von Rothenburg. »Schließlich werdet ihr noch eine ganze Weile miteinander auskommen müssen.«

Johnny hatte sich inzwischen einigermaßen von seinem Schrecken erholt. »Was soll das?«, fragte er gereizt. »Ich habe dich den ganzen Tag gesucht. Und warum liegt der Kerl nicht in der Gruft bei seinen Ahnen? So wie es sich für einen anständigen Geist gehört, der zuerst erlöst und dann zur ewigen Ruhe gebettet wurde.«

»Du willst ernsthaft wissen, weshalb ich nicht in der dunklen, modrigen Gruft liege?«, fragte Malcolm Sinclair und schwebte schon wieder drohend auf Johnny zu. »Ich will es dir sagen, du Naseweis. Weil ich keine Lust dazu habe! So einfach ist das. Ich bin als freier Schotte geboren und entscheide selbst, wann und wo ich mich zur ewigen Ruhe lege. Und nicht so ein Würstchen wie du, verstanden?« Der Highlander beugte sich drohend zu ihm herunter.

»Sie stinken … Sir«, presste Johnny zwischen den Lippen hervor.

Der Highlander stutzte und brach dann in schallendes Ge-

lächter aus. »Das will ich meinen, hahaha! Ein richtiger Mann muss riechen, sonst taugt er nichts!«

»Du übertreibst, Malcolm«, knarzte der Schädel. »Ich schlage vor, ihr findet euch einfach damit ab, dass ihr beide auf der Burg lebt. Sie ist groß genug. Ihr könnt euch jederzeit aus dem Weg gehen.«

Der Highlander ließ seinen Daumen über die Klinge seines Schwertes gleiten. »Meinetwegen«, brummte er dann. »Ich werde ihn nicht wie eine Wanze zerquetschen. Und Tommy Drum wird ihn auch in Ruhe lassen.«

»Tommy Drum ist auch hier?«, rief Johnny. Dann hatten ihn seine Ohren also nicht getäuscht. »Und du wolltest mir weismachen, ich würde mir das alles nur einbilden. Du hast gesagt, das wären alles nur Nachwirkungen der überstandenen Geisterjagd!«

»Tut mir leid«, erwiderte Erasmus. »Ich wollte dir lediglich die Aufregung ersparen.«

»Nicht nötig!«, grollte Johnny. Er war richtig sauer auf den Schädel. »Weißt du, warum ich mitten in der Nacht hierhergekommen bin? Ich bin hergekommen, weil ich noch einmal nach dir suchen wollte! Ich habe mir Sorgen gemacht, und du sitzt hier gut gelaunt und scheinst dich bereits bestens mit den Geistern von Greyman Castle angefreundet zu haben. Wie bist du überhaupt aus dem Keller in die Bibliothek gekom...« Plötzlich fiel es Johnny wie Schuppen von den Augen. »Ach,

ich weiß! Sag nichts, der Highlander hat dich hergebracht! Du hast dich also mit meinen Feinden verbündet!«

»Unsinn!«, gab der Schädel zurück, während der Highlander grinsend von einem zum anderen blickte. »Malcolm ist nicht dein Feind ...«

»Ach nein? Dann sieh dir doch mal meinen Pullover an!« Dort, wo der Geist ihn berührt hatte, klaffte ein riesiges Loch.

»Stell dich nicht so an«, gab der Schädel zurück. »So was kann schon mal passieren. Malcolm lebt auf der Burg, genau wie du.«

»Und zwar schon ein paar Jahrhunderte länger«, warf Malcolm ein.

»Lebt?«, fragte Johnny und zog spöttisch die Augenbrauen hoch. Er hatte keine Angst mehr, er war vor allem eins: ungeheuer wütend!

»Oder so ähnlich«, knurrte der Schädel.

»Ich werde dir nicht weiter nach dem Leben trachten«, sagte der Highlander gutmütig. »Und Tommy Drum auch nicht ...«

»Schön, oder?«, fragte der Schädel und klapperte belustigt mit den Zähnen.

Johnny ließ sich in den Ohrensessel sinken. »Was soll daran bitte schön sein?«

11. Kapitel

Kurz und klein

Am nächsten Morgen fuhr Johnnys Mutter ihn schon eine halbe Stunde früher zur Schule, als Cécile es normalerweise tat. Dabei wurden sie in Blacktooth von einem Polizeiauto mit Blaulicht überholt.

»Nanu, was ist denn da los?«, wunderte sich Mrs Sinclair.

Das hätte Johnny auch gerne gewusst. Er ließ sich von seiner Mutter vor der Schule absetzen und lief dann neugierig in die Richtung, in der das Polizeiauto verschwunden war.

Er war noch nicht weit gekommen, als ihm auch schon ein paar Leute aus seiner Klasse entgegenkamen.

»Du kannst umdrehen. Sie lassen niemanden durch«, sagte Bernie Shoemaker.

»Was ist denn passiert?«, wollte Johnny wissen.

»Im *Hobgoblin* wurde eingebrochen. Sie haben das ganze Bier ausgetrunken, alles leer gefressen und einen Haufen Kleinholz produziert.«

»Mrs Edwards hat sich mit Millies Bruder im Schlafzimmer eingeschlossen. Und jetzt hat sie einen Nervenzusammenbruch«, ergänzte Ruby. »Die Typen haben ganz schön gewütet. Selbst der Papagei hat einen Schock. Er kann nur noch heiser krächzen.«

»Weiß man, wer es war?«, fragte Johnny.

Bernie Shoemaker und die anderen schüttelten den Kopf.

»Okay, ich sehe mir die Sache trotzdem mal an.«

»Wie du willst«, sagt Bernie, und sie gingen weiter Richtung Schule.

Johnny lief eilig die Baker Street hinauf. Schon von Weitem konnte er das Blaulicht von drei Streifenwagen und dem Notarzt sehen. Als er am *Hobgoblin* ankam, schob man Mrs Edwards gerade auf einer Trage in den Rettungswagen. Toby, Millies Bruder, wurde von einer Nachbarin an der Hand gehalten.

»Ich habe es doch gesehen!«, rief Mrs Edwards. Sie war ganz wild und versuchte sich andauernd auf der Trage aufzusetzen. »Warum glaubt mir denn keiner!?«

»Beruhigen Sie sich!« Der Arzt tätschelte Mrs Edwards die Hand. Dann beugte er sich zu ihr herunter und gab ihr eine Beruhigungsspritze.

»Sooo. Gleich geht es Ihnen besser.«

Er hatte recht. Mrs Edwards fiel zurück auf die Trage und schnarchte lauter als der dickste Mops.

»Moormenschen«, sagte da eine Stimme neben Johnny. Erschrocken fuhr Johnny herum. Bronzo stand neben ihm und leckte sich über die gelben Zähne. »Gibt es eigentlich nur unten, in Kent. Aber wer weiß, vielleicht haben sie sich inzwischen bis nach Schottland durchgegraben.« Mit diesen Worten ließ er Johnny stehen und schlurfte davon.

»Hi, Johnny!« Russell schlug ihm freundschaftlich auf die Schulter. »Hast du schon rausgekriegt, was hier los war?«

»Klar. Jemand hat das *Hobgoblin* überfallen. Bronzo meint, es seien Moormenschen gewesen.«

»Bronzo? Auf Bronzos Geschwätz würde ich nichts geben. Er redet viel, wenn der Tag lang ist«, meinte Russell verächtlich.

Johnny zuckte mit den Schultern. »Ich habe keine Ahnung. Aber es ist doch merkwürdig, was sich hier in letzter Zeit so alles tut. Am besten, wir sehen uns das *Hobgoblin* nach der Schule noch mal genauer an.«

»Von mir aus«, sagte Russell. »Aber jetzt Beeilung, die Stunde fängt in fünf Minuten an.«

Die Arbeit der Polizei war so gut wie beendet, als Johnny und Russell nach der Schule zum *Hobgoblin* zurückkehrten. Auch die Spurensicherung packte gerade ihre Ausrüstung ein.

»Das Haus ist versiegelt«, sagte ein Kriminaltechniker. »Hier kommt niemand rein, bevor wir es freigeben. Also geht nach Hause. Es gibt nichts zu sehen.«

Johnny und Russell wussten, dass es wenig Sinn hatte, mit dem Mann zu diskutieren. Also taten sie, als würden sie sich trollen, und liefen stattdessen einmal um die Kirche herum. Sie schlüpften durch die lockere Pforte in Millies Garten. Sofort bemerkten sie das zertrampelte Gemüsebeet. Beunruhigt gingen sie weiter und blieben erschrocken stehen. Die Hintertür des Hauses war zersplittert, und rot-weißes Absperrband flatterte im Wind. Fensterläden lagen am Boden, und die Wäsche, die zum Trocknen auf der Leine hing, war in längliche Streifen zerrissen.

»Hey, was habt ihr hier zu suchen? Verschwindet!«, rief ein Polizist.

Johnny und Russell hatten ohnehin genug gesehen. »Wir müssen dringend mit Millie reden«, sagte Johnny. »Was meinst du, wollen wir nach Inverness fahren und sie im Krankenhaus besuchen?«

»Wenn sie uns zu ihr lassen«, meinte Russell und griff nach seinem Telefon. »Ich muss kurz meine Mutter anrufen, damit sie sich nicht wundert, dass ich nicht nach Hause komme.«

Johnny ging ein paar Schritte vor, damit Russell ungestört reden konnte. Wenig später holte Russell ihn wieder ein. »Und?«

»Ich habe ihr gesagt, dass ich Bernie Shoemaker bei den Hausaufgaben helfe.«

»Und das hat sie dir geglaubt?«

»Logisch. Sie hatte zu tun. Seit mein Vater Probleme mit der Schulter hat, hilft sie im Büro aus.« Russell grinste.

»Super«, sagte Johnny. »Bevor wir nach Inverness fahren, würde ich allerdings gerne Erasmus einpacken. Der Schädel weiß bestimmt sofort, was mit Millie los ist.«

»Ist er denn wieder da?«, wunderte sich Russell.

»Hab ich dir das noch nicht erzählt?«

Russell schüttelte den Kopf.

»Sie sind alle wieder da. Na ja, fast alle.«

»Redest du von deinen Eltern?«

»Nein ...«

Es dauerte einen Moment, dann starrte Russell Johnny mit großen Augen an. »Du meinst ...«

Johnny nickte.

»Nee, nicht dein Ernst!«

»Doch.«

»Der schwertschwingende Geizkragen, die unglückliche Braut und der traurige Trommler sind wieder da?!« Russells Stimme überschlug sich fast.

»Die Braut nicht. Noch nicht«, brummte Johnny.

»Weißt du, was das bedeutet? Ich habe mein Leben aufs Spiel gesetzt, um die Typen zu erlösen, und jetzt sind sie alle wieder da? Das ist ja der Gipfel der Undankbarkeit!«

»Ist ja gut!«, beschwichtigte ihn Johnny. »Ich weiß es auch erst seit gestern Abend. Erasmus hat sich mit ihnen angefreundet, und offensichtlich tragen sie ihn munter von einem Ort zum anderen. Das war auch der Grund, weshalb ich ihn gestern nicht finden konnte.«

»Du meinst, der Schädel macht mit ihnen gemeinsame Sache?«

Johnny nickte. »So sieht es aus. Wenigstens lassen sie uns jetzt in Ruhe.«

»Woher weißt du das?«

»Der Highlander hat es versprochen. Oder so ähnlich ...«

»Tolle Wurst«, sagte Russell, dann seufzte er. »Wenigstens ist der Schädel wiederaufgetaucht und kann uns weiter mit seiner Klugscheißerei auf den Senkel gehen.«

Als sie auf der Burg ankamen, saßen Mr und Mrs Sinclair hoch oben im Mäuseturm und sichteten das Bild- und Tonmaterial, das sie von ihrer Reise mitgebracht hatten. Johnny steckte seinen Kopf zur Tür herein und teilte seinen Eltern mit, dass er und Russell noch kurz eine Freundin in Inverness besuchen wollten. Die beiden sahen auf und nickten ihm abwesend zu. Dann widmeten sie sich wieder ihrer Arbeit. Johnny nahm es

ihnen nicht übel. Er kannte seine Eltern nicht anders, obwohl er sich manchmal schon fragte, ob sie mit einem Meerschweinchen nicht besser bedient wären als mit einem Sohn.

Erasmus war ausnahmsweise da, wo Johnny ihn zurückgelassen hatte: in seinem Zimmer unter dem Bett. Seit seine Eltern ihre Kisten in der Bibliothek lagerten, war das Risiko für den Schädel, entdeckt zu werden, einfach zu groß.

»Na, alles gut?«, flüsterte Johnny, als er ihn vorsichtig unter dem Bett hervorzog.

Erasmus rümpfte die nicht vorhandene Nase und schwieg.

»He, rede mit mir!«, bat Johnny und stellte ihn vor sich auf den Schreibtisch.

»Seine Hoheit ist sauer, weil du ihn unter dem Bett geparkt hast«, vermutete Russell.

»Es ging nicht anders. Ich weiß nicht, ob meine Mum nicht in meine Schränke guckt, wenn sie mir frische Handtücher und Socken bringt.«

Russell sah seinen Freund mitleidig an. »Du glaubst nicht im Ernst, dass deine Mutter dir die dreckige Wäsche wäscht, oder?«

»Ich wollte einfach auf Nummer sicher gehen. Außerdem hätte Erasmus ja seine neuen Freunde zu Hilfe rufen können, wenn er sich da unten gelangweilt hätte«, sagte Johnny mit einem giftigen Blick auf den Schädel.

»Stimmt. Warum hast du es nicht getan?«, fragte Russell.

Da platzte dem Schädel der Kragen. »Warum hast du es nicht getan … warum hast du es nicht getan …«, äffte er Russell nach. »Ganz einfach … Der Geister jagende Hasenfuß hier hat sein Zimmer mit afrikanischen Traumwurzel-Spänen geschützt. Und diese magische Barriere können Geister nun mal nicht übertreten.« Wütend funkelte Erasmus in die Runde.

Auf Johnnys Gesicht machte sich ein Grinsen breit. »Ach, sieh mal an. Dann weiß ich ja jetzt, wo ich dich aufbewahren muss, damit du nicht plötzlich irgendwohin verschwindest.«

»Untersteh dich!«, drohte der Schädel. »Erzähl mir lieber, warum du mich unter dem Bett hervorgezerrt hast. Ich hatte gerade angefangen, mich mit ein paar Burgmäusen anzufreunden, die hinter deinem Schrank hausen.«

»Du teilst dein Zimmer mit Mäusen?« Russell rümpfte die Nase.

»Wir wollen dich zu einer kleinen Spazierfahrt abholen«, erklärte Johnny. »Millie liegt in Inverness im Krankenhaus, und im *Hobgoblin* wurde letzte Nacht eingebrochen.«

»Hat man die Täter gefasst?«

»Nein, sie haben alles kurz und klein gehauen«, sagte Russell. »Also was ist? Kommst du mit?«

»Meinetwegen. Etwas frische Luft kann nicht schaden.«

Johnny steckte Erasmus in seinen Rucksack, und sie machten sich auf den Weg zum Bus.

In der Halle trafen sie auf Mrs Adams, die gerade in ihre Jacke schlüpfte. »Ich fahre jetzt besser nach Hause«, erklärte sie. »Nach allem, was im *Hobgoblin* passiert ist, mag man sein Haus ja kaum noch aus den Augen lassen. Sogar die Wäsche auf der Leine haben sie in Fetzen gerissen.«

Aus dem Rucksack kam ein erstauntes Brummen.

»Ich habe davon gehört«, sagte Johnny und gab dem Rucksack einen Knuff. »Eine schlimme Geschichte, aber ich glaube nicht, dass Sie sich Sorgen machen müssen.«

»So, meinst du?«

»Es tut mir leid, Mrs Adams, aber wir müssen los. Russell und ich wollen Millie im Krankenhaus besuchen, und unser Bus ...«

»Kommt in sieben Minuten«, brachte Russell den Satz zu Ende. Ohne eine Antwort abzuwarten, flitzten die Jungs aus der Tür. Sie nahmen die Abkürzung durch den Wald und hatten die Weggabelung nach Inverness gerade erreicht, als sie auch schon das Motorengeräusch des Busses hörten. Johnny und Russell wedelten wie wild mit den Armen, und der Busfahrer hielt an.

»Na, Lord Sinclair. Wohin soll die Reise gehen?«, scherzte der Fahrer.

»Nach Inverness, Sir«, antwortete Johnny, während sie einstiegen. »Vielen Dank, dass Sie angehalten haben.«

Der Fahrer nickte gutmütig, und der Bus setzte sich rumpelnd in Bewegung.

Die Freunde setzten sich in die letzte Reihe, und da der Bus beinahe leer war, konnte auch niemand hören, wie sich der Schädel zu Wort meldete. »Hat die alte Frau gesagt, die Wäsche sei in Fetzen gerissen worden?«

»Hat sie«, bestätigte Johnny. »Wir haben es mit eigenen Augen gesehen.«

»Das klingt nicht gerade nach einem normalen Einbruch«, stellte der Schädel fest.

»Ach nee?«, sagte Johnny spöttisch. »Millies Krankheit klingt ja auch nicht gerade nach einer gewöhnlichen Grippe.«

»Und genau deshalb sind wir auf dem Weg zu ihr«, mischte Russell sich ein. »Wir müssen unbedingt mit ihr sprechen. Schließlich ist sie unsere beste Kundin.«

»Und unsere einzige«, erinnerte ihn Johnny.

12. Kapitel

Ischtah!

Der Bus hielt direkt vor dem Krankenhaus. Schnell stiegen Johnny und Russell aus.

»Weißt du, in welchem Zimmer Millie liegt?«

Johnny schüttelte den Kopf. »Wir fragen einfach.«

Die Frau an der Anmeldung tippte beharrlich auf ihre Tastatur und würdigte die Jungen keines Blickes. Die beiden warteten eine Weile, dann räusperte sich Russell laut und vernehmlich.

Irritiert sah die Frau auf. »Was kann ich für euch tun?«

»Wir möchten zu Millie Edwards«, sagte Johnny.

»Auf welcher Station?«

»Ich dachte, das könnten Sie uns sagen.«

Die Frau seufzte. »Wie heißt sie, hast du gesagt?«

»Millie Edwards.«

Es dauerte eine Weile, dann schüttelte die Frau den Kopf. »Tut mir leid. Millie Edwards ist nicht mehr hier.« Sie widmete sich wieder ihrer Tastatur.

»Das ist unmöglich. Sie wurde gestern erst eingewiesen«, sagte Russell.

Die Frau sah ihn an wie ein widerspenstiges Kind. »Es gibt hier keine Millie Edwards, glaub mir.«

In diesem Moment kam ein Arzt vorbei. Er hörte Millies Namen und blieb stehen. »Ihr wollt zu Millie Edwards?«

Johnny und Russell nickten. »Sie soll hier im Krankenhaus sein.«

Der Arzt lächelte. »Das war sie. Sie wurde heute Morgen verlegt.«

»Verlegt? Wohin?«, fragten Johnny und Russell gleichzeitig.

Der Arzt schmunzelte. »In unser Gästehaus. Es ist Patienten vorbehalten, die wir gerne noch eine Weile beobachten wollen, bevor wir sie wieder nach Hause schicken.«

»Können wir Millie dort besuchen?«

Der Arzt sah auf seine Uhr. »Sicher. Es ist zwar gerade Abendbrotzeit, aber wenn ihr nicht allzu lange bleibt, gibt es

keinen Grund, warum ihr sie nicht besuchen solltet. Das Gästehaus liegt auf dem Hügel hinter der Klinik. Von dort oben hat man einen fantastischen Blick über den Fluss ...«

In diesem Moment meldete sich der Pieper in seiner Kitteltasche. »Ich muss los«, sagte er und machte sich mit quietschenden Sohlen auf den Weg durch die Flure.

Das Gästehaus der Klinik stand auf dem höchsten Hügel der Stadt und blickte über das glitzernde Band des Ness, des Flusses, der Inverness seinen Namen gegeben hatte. *St. Patrick Hospital,* stand auf einem Messingschild am Tor.

»Von wegen Gästehaus«, murmelte Russell, während sie dem geschwungenen Weg hinauf folgten.

Das Gästehaus war eine alte Villa aus grauem, schottischem Stein. Es machte einen abweisenden Eindruck, und das mit Schiefer gedeckte Dach hob sich scharf gegen die dahinjagenden Wolken ab. Mit jedem Schritt, den sie darauf zugingen, schienen ihre Schatten länger zu werden. Johnny beschlich ein ungutes Gefühl. Obwohl es noch nicht einmal richtig dunkel war, hatte er den dringenden Wunsch, so schnell wie möglich ins Haus zu kommen. Wachsam ließ er seinen Blick schweifen, und plötzlich glaubte er, eine Gestalt zu erkennen. Mit hängenden Armen schlurfte sie vom Fluss herauf und kam direkt auf sie zu.

»Da«, stotterte er und deutete auf die seltsame Erscheinung.

»Was meinst du?«, fragte Russell irritiert.

»Na, den Typen da! Er kommt direkt auf uns zu.«

Johnnys Stimme wurde deutlich schriller, als er es eigentlich geplant hatte.

»Ich sehe nichts«, sagte Russell.

»Lasst den Papa mal gucken«, verlangte der Schädel.

Mit fahrigen Händen zerrte Johnny Erasmus aus dem Rucksack und hielt ihn in Richtung Erscheinung. »Kannst du ihn sehen?«, flüsterte er.

»Ich bin ja nicht blind!«, trompetete Erasmus. »Das ist ein Schleicher. Ein stinknormales Schreckgespenst. Sag nicht, dass der dir Angst macht.«

»Wie? Wo!?«, quiekte Russell und drehte sich panisch im Kreis.

»Da siehst du, was du angerichtet hast. Angst ist ansteckend.«

»Ich habe keine Angst«, verteidigte sich Johnny und straffte die Schultern.

Der Schädel lachte morsch. »So gefällst du mir.«

»Aber ich habe Angst!« Russell sah sich gehetzt um. »Ist er noch da? Wie kann ich mich schützen?«

»Ignoriert ihn einfach«, sagte Erasmus. »Er ist es nicht wert, beachtet zu werden. Geht einfach zügig an ihm vorbei.«

»Sehr witzig«, schimpfte Russell. »Ich sehe ihn ja nicht einmal.«

Johnny gab ihm einen sanften Stoß. »Da lang«, sagte er und schob Russell in Richtung Villa.

Mit großen Schritten liefen sie auf das erleuchtete Haus zu. Johnny warf immer wieder verstohlene Blicke über die Schulter. Doch der Schleicher drückte sich noch immer am Hang herum und schien ihnen nicht länger zu folgen.

»Voll krass, oder?«, japste Russell, als sie auf der überdachten Veranda vor der Eingangstür standen. »Wieso kannst du ihn sehen und ich nicht?«

»Keine Ahnung«, murmelte Johnny.

»Der eine hat's, der andere nicht«, nuschelte der Schädel. »Du hast die Gabe, und er hat sie nicht, so einfach ist das!«

»Tolle Gabe«, murrte Johnny.

»Für einen Geisterjäger unbezahlbar«, antwortete der Schädel. »Ansonsten würdest du blind in jede Geisterfalle tappen, die sich vor dir auftut.«

»Heißt das, mein Leben ist in Gefahr?«, quäkte Russell.

»Hm«, machte der Schädel.

»Was heißt *hm*? Heißt es *hm* oder *hmhm*?«

»Wo ist da der Unterschied?«, wunderte sich Johnny.

»Keiner von euch war in Gefahr«, beruhigte sie der Schädel. »Dafür ist es noch viel zu früh. Noch sind sie nicht gefährlich. Aber später, wenn es auf Mitternacht zugeht, würde ich mich an deiner Stelle mit eisernen Amuletten schützen. Und jetzt lasst uns nach Millie sehen.«

Johnny verstaute den Schädel in seinem Rucksack und öffnete die Tür zur alten Villa.

Drinnen war es angenehm warm. Überall auf den Fluren und im Speisesaal saßen Leute und redeten miteinander oder schwiegen gemeinsam.

Johnny und Russell traten an den Tresen des Empfangs, hinter dem eine Frau stand und telefonierte. Nachdem sie aufgelegt hatte, sah sie die Jungen freundlich an. »Was kann ich für euch tun?«

»Wir möchten zu Millie Edwards«, sagte Johnny. »Im Krankenhaus sagte man uns, dass sie hier wäre.«

»Das stimmt«, antwortete die Frau. »Wir essen zwar gerade Abendbrot, aber ich glaube, Millie ist noch auf der Veranda hinter dem Haus. Es ist schön, dass ihr sie ein bisschen aufmuntern wollt.«

Die Frau winkte einer jungen Schwester. »Bringst du die beiden bitte zu Millie? Sie ist draußen auf der Veranda.«

Die junge Frau nickte und führte Johnny und Russell einmal quer durch die Villa. »Dahinten ist sie. Aber bleibt nicht zu lange. Millie braucht Ruhe.«

Bevor sie zu Millie hinausgingen, warfen sie einen Blick durch das Fenster. Es war tatsächlich Millie, die dort, gut eingepackt in dicke Decken, in einem Rollstuhl saß und über den glitzernden Fluss blickte. Der Wind bewegte ihre Haare, sonst bewegte sich nichts an ihr.

Zögernd traten Johnny und Russell hinaus. »Hallo, Millie!«, sagten sie leise.

Millie wandte nicht einmal den Kopf in ihre Richtung. Trotzdem konnte man von der Seite die Flecken sehen, die sich auf ihrer Haut ausgebreitet hatten. Stumm starrte sie weiter über den Fluss. Es war inzwischen dunkel geworden, und die Lichter der Häuser auf der anderen Seite des Flusses leuchteten freundlich zu ihnen herüber.

»Schön, dich zu sehen«, versuchte Johnny ein Gespräch. »Wir wollten bloß mal hören, wie es dir geht.«

Keine Reaktion.

»Ist ganz schön was los bei euch«, versuchte Russell sein Glück. »Ich weiß nicht, ob du es schon weißt, aber im *Hobgoblin* wurde heute Nacht eingebrochen.«

Millie seufzte tief, sagte aber kein Wort. Johnny und Russell sahen sich an. »Es ist ganz schön viel zu Bruch gegangen«, versuchte Russell es weiter.

Johnny verdrehte die Augen. »Keine Sorge, es lässt sich wieder reparieren«, sagte er schnell.

Millies Nase zuckte. »Ischtah!«, machte sie.

»So, und jetzt bin ich an der Reihe. Lasst mich mal sehen«, verlangte Erasmus.

Johnny nahm den Schädel aus dem Rucksack und hielt ihn Millie direkt vor die Nase. Sofort zuckte ihre Nase ein zweites Mal. »Ischtah!«, machte sie.

Russell gluckste. »Scheint, als wäre sie gegen Schädel allergisch.«

»Unsinn!«, blubberte Erasmus. »Wenn du auch nur zwei Gramm Verstand hättest, wäre dir aufgefallen, dass sie rückwärts niest.«

»Rückwärts?«, wiederholten Johnny und Russell im Chor.

»Exakt. Ein sicheres Zeichen für Geistergrippe.«

»Für was?«

»Geistergrippe oder Spukfieber, wie die Krankheit in Fachkreisen genannt wird.«

»Klingt ja gruselig«, sagte Russell. Dann fiel ihm sein kleiner Scherz auf. »Geistergrippe ... gruselig ... haha, lustig, oder?«

Erasmus sah ihn giftig an. »Mit Geistergrippe ist nicht zu spaßen. Wenn man nicht gegensteuert, kann sie zur völligen Auflösung des Erkrankten führen.«

»Was meinst du damit?«, fragte Johnny.

»Ganz einfach: Wenn wir nicht bald etwas dagegen tun, wird Millie unsichtbar und muss ihr restliches Leben als Geist verbringen.«

»Wow!«, rief Russell. »Ist das ansteckend?«

»Nein, ist es nicht«, sagte der Schädel. »Aber wenn ihr Millie helfen wollt, solltet ihr euch beeilen.«

»Okay, was sollen wir tun?«, fragte Johnny.

»Du kennst doch bestimmt irgendein Medikament, das dagegen hilft, oder?« Russell sah Erasmus fragend an.

»Natürlich«, antwortete der Schädel. »Leider dürfte es niemand vorrätig haben.«

»Dann müssen wir es eben beschaffen«, antwortete Johnny ungeduldig.

»So etwas kann man nicht einfach so beschaffen wie ein Kaugummi oder ein Paar Socken. Man muss es herstellen«, belehrte ihn der Schädel.

»Also gut. Und wie stellt man es her?« Manchmal konnte einem dieser Schädel wirklich den letzten Nerv rauben, fand Johnny.

»Woher soll ich das wissen? Ich bin Alchemist und kein Apotheker.«

»Ach, auf einmal! Ich dachte, du bist so schlau und kennst dich in der Geisterwelt aus wie kein Zweiter.« Langsam wurde Johnny sauer.

»Das dachte ich auch«, pflichtete Russell ihm bei. »Aber da haben wir's wieder: große Klappe, nix dahinter.«

»Langsam, langsam«, bremste Erasmus die beiden. »Ich habe nur gesagt, dass ich das Rezept nicht kenne. Aber ich kenne jemanden, der es kennt.«

»Und – wer – ist – das?«, fragte Johnny so ruhig wie möglich.

»Mama Benz«, antwortete der Schädel. »Die Mambo hat die Rezeptur in ihren Aufzeichnungen, wenn ich mich nicht irre.«

»Du meinst Cécile?«, fragte Johnny ungläubig. »Woher weißt du, was in ihren Aufzeichnungen steht?«

»Du erinnerst dich hoffentlich noch an diesen grauenvollen

Tag, an dem sie mich zum Kerzenhalter umfunktioniert und in ihr Arbeitszimmer gestellt hat?« Die Stimme des Schädels bebte vor Wut. »Ich hatte damals ausreichend Zeit, in ihren Unterlagen zu lesen.«

»Was stehen wir hier also noch herum?«, fragte Russell. »Lasst uns das Rezept holen und Millie helfen!«

»Cécile hat einen ganzen Haufen magischer Wurzeln und Kräuter«, meinte Johnny. »Vielleicht ...«

In diesem Moment ging die Terrassentür auf, und die junge Schwester von vorhin trat auf die Veranda. »Ich muss euch jetzt bitten zu gehen«, sagte sie. »Millie hat noch nicht zu Abend gegessen.« Sie trat an Millies Rollstuhl und schob ihn ohne ein weiteres Wort zurück ins Haus.

Johnny, der Erasmus blitzartig hinter seinem Rücken versteckt hatte, packte den Schädel ein, und sie folgten der Schwester ins Speisezimmer.

»Hat Millie schon etwas gesagt, seit sie hier ist?«

Die Schwester schüttelte den Kopf. »Nein, aber das ist nicht ungewöhnlich. Wir müssen einfach Geduld haben. So eine Störung kann Wochen dauern und tritt in diesem Alter besonders häufig auf.«

Nachdem sich Johnny und Russell von Millie verabschiedet hatten, machten sie sich auf den Heimweg. Alte Gaslaternen wiesen ihnen den Weg durch den Park.

Sie waren noch nicht weit gekommen, als sich hinter der nächsten Laterne wieder etwas bewegte. Johnny sah den Schleicher sofort. Wie ein Schlafwandler setzte er einen Fuß vor den anderen und kam beständig näher.

Vorsichtshalber holte Johnny Erasmus aus dem Rucksack. »Der Schleicher ist wieder da!«, flüsterte er und hielt den Schädel in Richtung Erscheinung.

»*Die* Schleicher«, korrigierte Erasmus. Und jetzt sah Johnny es auch. Aus dem Schatten einer Baumgruppe lösten sich vier weitere Schleicher und kamen mit hängenden Armen und Köpfen direkt auf sie zu.

»Was ist los?«, wollte Russell wissen.

»Ähm ...« Johnny starrte auf die Gestalten.

»Da sind fünf Schleicher im Anmarsch«, kommentierte der Schädel. »Sie scheinen Appetit zu haben.«

»Appetit?!«, schrien beide Jungen gleichzeitig, und Russell drehte sich panisch im Kreis. »Wo sind sie? Ich kann sie nicht sehen!«

»Keine Angst. Die Schleicher wollen nicht zu euch. Die Laterne zieht sie an, sie haben unbändigen Hunger nach Licht.«

»Ist das eklig!«, rief Russell.

»Egal, was sie hertreibt, lass uns abhauen. Und zwar sofort!«, schnaufte Johnny.

»Und was lernen wir daraus?« Erasmus klapperte belustigt mit den Zähnen.

»Mir völlig egal!« Johnny fing an zu laufen.

»Wir lernen daraus, die beleuchteten Wege zu meiden«, fuhr Erasmus unbeirrt fort. »Wenigstens dann, wenn Schleicher unterwegs sind.«

Das ließen sich Johnny und Russell nicht zweimal sagen. Sie schlugen einen großen Bogen um sämtliche Laternen und hörten erst auf zu laufen, als sie den Park der alten Villa hinter sich gelassen hatten.

»Ich kann nicht mehr!«, japste Russell und hielt sich die Seite.

»Musst du auch nicht«, keuchte Johnny, und gleich darauf tauchten sie im Feierabendgewühl der Hauptstraße unter.

»Und was lernen wir daraus?«, kam es dumpf aus dem Rucksack.

»Er hört niemals auf, oder?«, fragte Russell.

»Verzichte nie auf deine Ausrüstung, wenn du es mit paranormalen Phänomenen zu tun haben könntest.«

»Super Vorschlag«, sagte Johnny und rollte mit den Augen. »Ich kann doch nicht ständig mit einem Gargoyle 5000 herumlaufen.«

»Völlig korrekt. Etwas Salz in der Tasche oder ein paar Teebeutel reichen völlig aus«, sagte Erasmus. »Ich würde übrigens Letzteres empfehlen.«

13. Kapitel

Das Buch der Schatten

Der Bus, der über Blacktooth nach Darkmoor fuhr, wartete bereits an der Haltestelle. Sobald Johnny und Russell auf der hinteren Bank Platz genommen hatten, setzte er sich in Bewegung.

Sofort klingelte Russells Handy. Seine Mutter rief an.

»Hallo, Mum!«, sagte Russell, dann lauschte er. »Was? Wirklich? Ist mir gar nicht aufgefallen. – Nein, nicht bei jeder Probe. Heute haben wir es nicht gebraucht. Die Noten auch

nicht. Was? Die Verbindung ist so schlecht. Ich bin aber gleich zu Hause. Was? ... Hallo! ... Hallo?« Russell beendete das Gespräch und grinste. »Ich wäre sie sonst bis Blacktooth nicht losgeworden.«

Johnny sah Russell erstaunt an. Noch vor zwei Wochen hätte er ihm eine solche Abgebrühtheit niemals zugetraut. »Was wollte deine Mutter denn?«

»Ich hab meine Chorsachen vergessen. Notenblätter, Texte, alles.«

»Mist. Meinst du, sie hat etwas gemerkt?«

»Nö.« Russell schüttelte den Kopf. »Sie ist im Moment ziemlich beschäftigt. Mein Vater hat's jetzt auch in den Zehen. Glaubst du, wir kriegen das hin?«

»Was meinst du?«

»Na, Millie zu retten, bevor sie sich auflöst.«

»Logisch. Wir sind ihre einzige Chance.«

An der Abzweigung nach Greyman Castle stand Johnny auf und ging nach vorne zum Busfahrer. »Wir sehen uns morgen«, rief er Russell über die Schulter zu.

»Ja, bis morgen!« Russell winkte und holte sein Handy heraus.

Johnny stieg aus und nahm die Abkürzung durch den Wald. Schon in der Eingangshalle hörte er die Stimmen seiner Eltern im Esszimmer.

»Hi, ich bin wieder da!«, sagte er und steckte kurz den Kopf zur Tür herein.

»Fantastisch!«, antwortete sein Vater, und Johnny wusste nicht, ob er ihn oder die kleine hölzerne Figur auf dem Tisch meinte.

»Wenn du dich beeilst, bekommst du noch den letzten Bissen von Mrs Adams' Schäfer-Pastete«, lächelte seine Mutter. »Ich kenne niemanden, der sie so gut macht wie sie.«

Johnny beeilte sich. Er flitzte hoch in sein Zimmer und stellte Erasmus auf seinen Schreibtisch. »Ich bin gleich wieder da, dann können wir uns Céciles Arbeitszimmer vornehmen. Aber vielleicht sollte ich sie doch lieber um Erlaubnis fragen? Ich wäre auch nicht begeistert, wenn jemand in meinen Sachen herumwühlen würde.«

»Unsinn. Was sie nicht weiß, macht sie nicht heiß«, blubberte der Schädel.

Johnny war da anderer Meinung und nahm sich vor, Cécile gleich nach dem Abendessen per Skype anzufunken.

Im Esszimmer hatten seine Eltern die Teller bereits zur Seite geschoben und beugten sich fasziniert über einen Stapel vergilbter Fotografien. »Hier kannst du es ganz deutlich sehen«, sagte Johnnys Mutter. »Er trägt eine Maske ... eindeutig. Was meinst du, Johnny?« Seine Mutter hatte ihn bemerkt und winkte ihn zu sich heran. Gutmütig warf Johnny einen Blick auf die unterbelichtete Fotografie. Viel war darauf nicht zu erkennen, aber der Mann auf dem Bild schien tatsächlich eine Maske vor dem Gesicht zu haben.

»Ich glaube, Mum hat recht«, sagte er zu seinem Vater.

»Siehst du?« Seine Mutter zwinkerte ihm zu, und sah ihren Mann triumphierend an. Johnny grinste und schaufelte sich eine große Portion Pastete auf den Teller.

»Ich habe Cécile versprochen, mit ihr zu skypen«, nuschelte er mit vollem Mund. »Kann ich im Mäuseturm an den PC?«

»Ja, mach nur, und grüß sie schön von uns«, antwortete sein Vater, der sich schon längst wieder über die Fotografien gebeugt hatte. »Der Schlüssel zum Turm liegt auf der Truhe.«

Johnny lief in sein Zimmer, um Erasmus zu holen. Besser, der Schädel hörte mit, falls Cécile etwas Wichtiges zu sagen hatte.

Kurz darauf saß er gespannt vor dem PC und hatte Glück. Die Verbindung stand, und Céciles Gesicht erschien groß und breit auf dem Bildschirm.

»Johnny!«, rief sie entzückt. »Deine Sehnsucht wärmt mir das Herz. Dabei bin ich doch erst einen Tag weg!« Cécile tupfte sich mit einem großen Tuch über die Augen. »Ist bei euch alles in Ordnung, mein Mairübchen?«

Johnny grinste. »Könntest du vielleicht aufhören, mir ständig so bescheuerte Namen zu geben? Hier ist alles in Ordnung, oder zumindest fast.«

Céciles Gesicht wurde noch größer, weil sie näher an die Kamera herankam. »Was ist los? Habe ich vergessen, meine Unterwäsche aus dem Backofen zu nehmen? Ich wollte sie eigentlich nur kurz trocknen ...«

»Nein, keine Sorge, alles in Ordnung. Es geht um Millie.«

»Das kranke Mädchen aus deiner Klasse?«

»Genau. Russell und ich haben sie heute Nachmittag besucht. Sie hat sich total verändert und benimmt sich absolut seltsam. Erasmus meint, sie hätte das Spukfieber.«

»Das Spuk…«

»Fieber«, ergänzte Johnny.

Cécile rückte ein wenig vom Bildschirm ab und verschränkte die Arme vor der Brust. »Woher will er das wissen? Spukfieber bekommt man nicht wie einen Schnupfen. Hat sie fleckigen Ausschlag?«

Johnny nickte.

»Hm!« Cécile wurde nachdenklich.

»Außerdem niest sie rückwärts«, knarzte der Schädel.

»Moment! Wer war das?! Nein, sag nichts. Ich kenne diese unangenehme Stimme.«

Johnny hielt Erasmus in die Kamera. »Ich habe ihn mitgebracht.«

»Huch, willst du mich etwa umbringen? Es ist nicht gerade lustig, plötzlich Mr Tod ins Gesicht zu blicken.«

»Es ist auch nicht gerade lustig, einer hysterischen ...« Schnell legte Johnny seine Hand auf Erasmus' Mund.

»Also, was ist? Kennst du ein Mittel, das Millie heilen kann?«

Sein Kindermädchen runzelte die Stirn. »Das Rückwärts-Niesen ist ein ziemlich eindeutiger Beweis. Ich habe mit dieser Krankheit keine Erfahrung, aber im Buch meiner Großmutter ... es steht im Schrank gleich hinter den Schrumpfköpfen ... darin könnte eine Rezeptur gegen Spukfieber zu finden sein.«

Johnny sagte lieber nicht, dass Erasmus längst in dem Buch gelesen hatte, und verabschiedete sich schnell von Cécile. »Ich schaue gleich nach und melde mich, wenn es etwas Wichtiges gibt.«

»Tu das«, sagte Cécile. »Und sei vorsichtig, was die Zutaten betrifft. Das meiste habe ich vorrätig. Die Blutbohnen liegen abgepackt in der Schublade mit der Aufschrift Schuppen und

Flechten. Den blauen Lebertäubling findest du bei den Giftpilzen. Aber pass auf, dass du nicht danebengreifst.«

»Mach ich«, sagte Johnny. »Und drück uns die Daumen.«

Nach dem Gespräch trug Johnny Erasmus sofort in Céciles Arbeitszimmer.

»Was sagte die Mambo doch gleich, wo sie das Buch der Schatten versteckt hat?«, fragte Erasmus.

»Meinst du das zerfledderte Buch von Céciles Großmutter?«, fragte Johnny.

»Es ist mehr als das zerfledderte Buch von Céciles Großmutter«, knurrte der Schädel. »Wer eine Rezeptur gegen das Spukfieber besitzt, hütet mehr magisches Wissen als alle Hexen Englands zusammen.«

»Na, du musst es ja wissen«, sagte Johnny spöttisch und stellte Erasmus auf den runden Tisch, an dem Cécile ihre Séancen abhielt. Dann öffnete er den Eckschrank aus schwarzem Ebenholz. Hier verwahrte sein Kindermädchen die mächtigsten Fetische ihrer Voodoo-Magie. Neben getrockneter Schlangenhaut, Uhugewöllen und eingelegten Dornwarzen lagen dort auch ein paar schaurige Schrumpfköpfe. Die kleinen Gesichter mit den langen Haaren hatten Johnny früher so manchen Albtraum beschert.

Mit zusammengekniffenen Augen schob er sie beiseite und tastete nach dem geheimen Buch, von dem Cécile gesprochen hatte. Da spürte er etwas Weiches an seinen Fingerspitzen. Mit

einem kurzen Schrei zog er seine Hand samt Buch zurück und schlug die Schranktür zu.

»Nanu, sag nicht, dich hat so ein kleiner Schrumpelkopf angeknabbert«, stichelte Erasmus.

Johnny wusste nicht, was er da gerade berührt hatte, und er hatte auch keine Lust, es herauszufinden. Stattdessen legte er das zerlesene Buch auf den Tisch und schlug es auf. Sofort erkannte er Céciles Handschrift. Sie war nachlässig und schnell, als wäre sie immer in Eile. Der letzte Eintrag ihrer Großmutter stammte aus dem Jahr 1953.

»Zeig mal her«, verlangte Erasmus.

»Besser, ich blättere die Seiten um!«, meinte Johnny. »Sonst ist Millie unsichtbar, bevor wir beim dritten Kapitel angekommen sind.« Er blätterte durch die Seiten, bis Erasmus Stopp rief.

»*Geistergrippe oder Spukfieber!* Da ist es! Die Zutatenliste ist glücklicherweise nicht besonders lang. Ach, und sie benutzt die alten Maßeinheiten. Wir brauchen zwei Eierschalen voll geschrotetem Lebertäubling, einen Löffel Blutbohnen, drei Finger getrocknetes Greisenhaupt, vier Löffel Wabbelwurmschleim zum Andicken und frisches Quellwasser.«

Johnny sah Erasmus erstaunt an. »Dann hast du das gräuliche Greisenhaupt also doch nicht für dich gewollt?«

»Ich? Oooch. Nein. Ja.«

Johnny runzelte die Stirn. »Was denn nun?«

»Ich hatte so eine Ahnung, dass wir es bald brauchen wür-

den«, antwortete der Schädel. »Und jetzt such endlich die Zutaten zusammen.«

Johnny las sämtliche Aufschriften auf Schubladen, Gläsern und Tüten, die Cécile in ihrem Medizinschrank aufbewahrte. Vieles aus dem Rezept hatte sie vorrätig. Es fehlten nur noch das frische Quellwasser und der Wabbelwurmschleim.

»Ich fürchte, das müssen wir erst besorgen«, sagte Johnny.

»Macht nichts. Quellwasser und Wurmschleim müssen immer frisch sein.«

»Das Quellwasser gibt es glücklicherweise gratis aus dem Berg«, meinte Johnny.

»Mit dem Wurmschleim ist es weniger einfach«, gab der Schädel zurück.

Johnny stöhnte. »Sag nicht, wir müssen ihn noch heute Nacht besorgen!«

»Wabbelwürmer sind nachtaktiv. Also los, pack alles ein, und nimm auch eine Flasche und einen Becher mit.«

Johnny suchte die Zutaten zusammen. Eine Flasche und einen verschließbaren Trinkbecher fand er in der Küche. Dann holte er seine Jacke aus seinem Zimmer, stopfte Erasmus in seinen Rucksack und war bereit. »Wie geht's jetzt weiter?«, fragte er, als sie über den dunklen Hof liefen.

»Wir besorgen zuerst das Quellwasser und kümmern uns dann um die Wabbelwürmer.«

»Hast du eine Ahnung, wo wir die finden?«

»Wabbelwürmer lieben es finster und feucht«, erklärte Erasmus. »Die Wissenschaft hat sie bislang völlig ignoriert und als Lindwürmer ins Land der Sagen abgetan.«

Johnny blieb wie angewurzelt stehen. »Moment, sind Lindwürmer nicht eigentlich Drachen?«

»Quatsch«, fuhr Erasmus dazwischen. »Sie sind höchstens eine Vorstufe. Ähnlich wie die Larven eines Schmetterlings. Aber das ist noch nicht hundertprozentig erforscht.«

»Also, ich habe echt nicht vor, gegen Drachen zu kämpfen!«

Der Schädel lachte. »Keine Sorge. Wir wollen nicht ihr Herz, wir wollen bloß ihren Schleim.«

Der Geisterjäger straffte die Schultern. Wenn er Millie helfen wollte, musste er sich auf Erasmus verlassen. »Ich habe noch nie von Wabbelwürmern gehört. Bist du sicher, dass es hier überhaupt welche gibt?«, fragte er, während sie durch die Dunkelheit liefen.

»Wenn nicht hier, wo dann?«, gab Erasmus zurück.

Nieselregen hatte eingesetzt, und Johnny war froh über die Kapuze an seinem Anorak.

Die Quelle am Fuße des Berges war nicht gerade einfach zu erreichen. Erst recht nicht bei Dunkelheit und Nässe. Mehr rutschend als gehend lief Johnny den Hang hinunter. Das Wasser quoll aus einer Felsspalte im Berg und sammelte sich in einem natürlichen Becken aus Stein. Der Rest war ein Klacks. Flasche raus, Wasser rein.

»Jetzt müssen wir nur noch die Wabbelwürmer finden. Aber das dürfte für dich ja kein Problem sein«, stichelte Johnny und nahm den Schädel aus dem Rucksack.

Erasmus grinste sein Totenschädelgrinsen. »Irrtum. Für mich wäre es ein riesengroßes Problem. Für ihn glücklicherweise nicht.«

»Was?« Johnny drehte sich um und erschrak. Keine zehn Schritte hinter ihm stand der schwertschwingende Highlander. Grünlich schimmernd versperrte er ihm den Rückweg zur Burg.

»Wo kommt der denn her?«, flüsterte Johnny und tastete vergeblich nach etwas Salz in seiner Jackentasche.

»Schiss?«, grinste der Highlander und stützte sich auf sein langes Schwert.

»Was soll das?«, flüsterte Johnny erneut.

»Er kennt das Versteck der Wabbelwürmer«, antwortete der Schädel.

»Noch toller wäre es, wenn wir es kennen würden!«

»Es liegen nur ein paar Täler zwischen uns und den Würmern«, sagte Erasmus.

»Ein paar Täler?!«, rief Johnny. »Du glaubst doch nicht im Ernst, dass ich es schaffe, in einer Nacht durch mehrere Täler zu wandern!«

»Stopp! Erst Gehirn einschalten, dann Mundwerk in Betrieb nehmen! Wabbelwürmer ... Malcolm ... Na, klingelt da was?«

Jetzt hatte Johnny verstanden. Der Highlander sollte die wabbeligen Dinger besorgen. Der junge Schotte grinste. Der Geisterkrieger hatte sich Zöpfe in seinen Bart geflochten und streckte jetzt gutmütig die Hand aus.

»Na los«, zischelte Erasmus. »Gib ihm deinen Trinkbecher, oder soll er den Schleim mit bloßen Händen transportieren?«

Johnny legte dem Highlander seinen Becher in die ausgestreckte Hand, und er fiel scheppernd zu Boden.

»Hahaha!«, brüllte der Geist. »Versuch es noch mal!«

Johnny kniff wütend die Lippen zusammen. Nachdem er den Becher im Wurmfarn wiedergefunden hatte, startete er einen zweiten Versuch. Erneut fiel der Becher durch die Geisterhand und rollte diesmal über den felsigen Boden den Hang hinunter.

»Hahahahaha!«, dröhnte der Highlander. »Dein Knappe scheint nicht die hellste Kerze auf der Torte zu sein!«

Fluchend lief Johnny hinter dem Becher her. Was fiel diesem unterbelichteten Trottel ein, sich über ihn lustig zu machen? Er hatte wohl keine Ahnung davon, wie schwer es war, den Becher im Dunkeln zu finden. Schließlich hatte Johnny Glück. Oben angekommen, funkelte er böse in die Runde. »War's das jetzt mit den dämlichen Späßchen?«

Erasmus saß bequem im Moos und klapperte vergnügt mit den Zähnen. »Herrlich!«, gluckste er.

»Reich mir mal den Becher!«, verlangte der Highlander und streckte schon wieder die Hand aus.

»Träum weiter!«, zischte Johnny.

»Man kann Geistern nichts in die Hand drücken«, erklärte der Schädel noch immer grinsend. »Du musst warten, bis sie es dir aus der Hand nehmen. Ich an deiner Stelle würde den Becher allerdings irgendwo abstellen.«

Und das tat Johnny. Er stellte den Becher auf einen felsigen Vorsprung, und Malcolm nahm ihn von dort auf.

»Dann macht's mal gut!«, rief der Highlander und löste sich einfach in Luft auf.

»Wie lange dauert es denn noch?« Johnny hatte schon einen nassen Hintern vom langen Sitzen auf dem regennassen Felsen. Missmutig blickte er auf das leuchtende Ziffernblatt seiner Armbanduhr. Eine geschlagene Dreiviertelstunde saßen sie nun schon hier herum und warteten auf die Rückkehr des Highlanders.

»Was ist, wenn er sich einfach mit dem Schleim verdrückt hat?«

In diesem Moment machte es *puff*, und Malcolm Sinclair war wieder zurück. Ohne Vorwarnung warf er Johnny den Becher zu. Zum Glück verfügte der über gute Reflexe, sonst wäre das Gefäß sicher zum zweiten Mal den Hügel hinuntergerollt.

Misstrauisch betrachtete Johnny den Becher in seiner Hand. Er war schwer und seltsam kalt. Außerdem schien sich darin etwas zu bewegen.

»Vielen Dank, Malcolm«, sagte Erasmus.

»Eine Hand wäscht die andere!«, antwortete der Geisterkrieger und löste sich ohne weitere Worte auf.

»Was meint er mit: *Eine Hand wäscht die andere?*«

»Keine Ahnung«, brummte Erasmus. »Wir haben Wichtigeres zu tun, als darüber nachzudenken. Bring mich in mein Laboratorium!«

Johnny seufzte. Er wollte viel lieber einen gemütlichen Abend vor dem Fernseher verbringen. Doch stattdessen stand er hier, und der Regen tropfte ihm von der Kapuze in die Augen. »In Ordnung. Ich bringe dich hin!«, sagte er knapp. Er packte Erasmus und den Wurmschleim in seinen Rucksack und machte sich auf den Weg zur Kammer des Alchemisten.

Das Regal, das den Geheimgang verdeckte, glitt fast geräuschlos zur Seite, als Johnny den Hebel betätigte. Er schaltete seine Taschenlampe an und starrte verwundert auf den Tisch. Dort stand eine seltsame, turmförmige Apparatur mit zwei kleinen Türen und einem Dach, das man vermutlich aufklappen konnte. Daneben lagen allerlei Glasröhrchen, Mörser und Stößel.

»Worauf wartest du?«, fragte Erasmus ungeduldig. »Zünde die Kerzen an.«

»Was ist das?«, fragte Johnny, während er Erasmus auspackte und auf den Tisch stellte.

»Man nennt es Athanor«, antwortete der Schädel. »Es ist eine Art Destillierapparat.«

»Woher hast du das?«

»Das braucht dich nicht zu interessieren. Wir kümmern uns jetzt nur um Millie.«

Argwöhnisch sah Johnny den Schädel an. Doch dann legte er sämtliche Zutaten, die sie mitgebracht hatten, auf den Tisch. Die Kammer hatte sich sehr verändert, seit er das letzte Mal hier gewesen war. In den Regalen stapelten sich die Bücher. Auf dem Tisch stand dieser seltsame Apparat, und überhaupt lagen überall Töpfe und Tiegel herum. Die meisten von ihnen wirkten fleckig und alt. Johnny wusste nicht, was er davon halten sollte.

»Woher hast du das nur alles?«, fragte er.

Erasmus seufzte. »Aus der Haushaltsauflösung einer Hexe. Zufrieden?«

»Einer Hexe?!«, fragte Johnny halb spöttisch und halb erstaunt. »Welcher Hexe?«

»Du kennst sie nicht. Und jetzt schieb mal die Waage rüber.«

Johnny hatte noch mindestens ein Dutzend Fragen. Aber er wusste, dass er gerade nicht mehr aus Erasmus herausholen konnte. Dann fiel sein Blick auf ein fleckiges Heft, das aufgeschlagen am anderen Ende des Tisches lag. *Körper finden, Körper binden*, stand da etwas unglücklich gereimt. Doch bevor Johnny die schnörkelige Schrift genauer unter die Lupe nehmen konnte, hatte Erasmus das Heft auch schon mithilfe seines Mondsteinauges zugeschlagen.

»Was ist? Wartest du auf eine Einladung, oder können wir anfangen?«

Eine Weile arbeiteten sie konzentriert nebeneinander. Erasmus gab Anweisungen, Johnny führte sie aus. Geduldig zerstampfte er im Mörser die Zutaten und gab alles in eine bauchige Flasche aus trübem Bergkristall.

»Wunderbar. Und nun füll die Flasche mit Quellwasser auf.« Johnny tat, was der Schädel verlangte, und schüttelte sich, als sich die Blutbohnen in dem Wasser auflösten.

»Jetzt das Wichtigste. Der Wurmschleim!«, sagte Erasmus. »Gib fünf Löffel dazu, aber sei vorsichtig.«

Johnny öffnete seinen Trinkbecher mit einem mulmigen Gefühl, denn noch immer schien es, als würde sich darin etwas bewegen. Er hatte den Deckel gerade einen Spaltbreit geöffnet, da spritzte auch schon etwas Schleim heraus und zischte im Zickzack über den Tisch.

»Vorsichtig!«, rief Erasmus.

Und Johnny musste entsetzt mit ansehen, wie der Schleim von der Tischplatte tropfte und wieselflink aus der Kammer des Alchemisten verschwand.

»Oha! Du hättest mich ruhig vorwarnen können«, beschwerte er sich.

»Was hast du sonst von Wabbelwurmschleim erwartet?«,

fragte Erasmus. »Und jetzt gib einfach einen Schluck davon in den Trank. Auf dem Löffel wird er sicher nicht liegen bleiben.«

Johnny warf dem Schädel einen giftigen Blick zu. Er gab einen Schubs Schleim in die Flasche und verschloss sie sorgfältig.

»Sehr schön!«, grunzte der Schädel. »Den Rest erledige ich, du kannst mich jetzt getrost allein lassen.«

Johnny war das nur recht. Es war ein langer Tag gewesen, und wenn der Schädel von jetzt an allein zurechtkam, umso besser. Ohne lange zu fackeln, schulterte Johnny seinen Rucksack und stieg durch das zurückgeschobene Regal in den Geheimgang.

»Morgen kannst du den Trunk abholen!«, rief Erasmus ihm nach.

»Mach ich«, sagte Johnny und war im nächsten Moment durch den geheimen Gang verschwunden.

14. Kapitel

Nase zu und durch

Es war Freitag, und Johnny und Russell hatten Glück. Der Nachmittagsunterricht fiel aus, und wegen einer Lehrerfortbildung war der Montag danach auch frei. Das bedeutete, dass ihnen ein langes Wochenende bevorstand. Das Timing war einfach perfekt. Russell musste sich keine neuen Geschichten wegen der Chorproben ausdenken – es reichte einfach, wenn seine Mutter nichts von dem freien Nachmittag erfuhr.

Gleich nach dem letzten Klingeln flitzten die beiden Jungs

zum Bus. Ausnahmsweise mussten sie einmal nicht damit rechnen, von Barty und Alfie aufgehalten zu werden. Denn die standen von Schülern umringt auf dem Schulhof und behaupteten allen Ernstes, Moormenschen hätten im *Hobgoblin* eingebrochen und Millie verschleppt, um sie mit dem Moorkönig zu verheiraten.

Johnny und Russell wussten es besser. Sie waren auf dem Weg nach Inverness, und Johnny lugte vorsichtig in seinen Rucksack. Er hatte Erasmus und den Wabbelwurmtrank kurzerhand mit in die Schule genommen und war dem Schädel ungeheuer dankbar, dass er für ein paar Stunden den Mund gehalten hatte.

»Alles gut bei dir?«, fragte er, als der Bus vor dem Krankenhaus hielt.

Der Schädel grunzte, und Johnny nahm das einfach als ein Ja.

Bei Tageslicht sah die alte Villa alles andere als unheimlich aus. Die meisten »Gäste« saßen in ihren Liegestühlen im Park und genossen die letzten warmen Sonnenstrahlen, bevor der Herbst endgültig das Zepter übernahm.

»Siehst du Millie irgendwo?«, fragte Johnny.

Russell schüttelte den Kopf. »Am besten, wir fragen nach ihr.«

Die Dame am Empfang war genauso freundlich wie am Abend zuvor. Sie winkte eine Schwester heran, und die brachte sie zu Millies Zimmer. »Hier ist es«, sagte sie ein paar Flure

weiter. »Aber bleibt nicht zu lange. Millie geht es heute nicht gut. In einer Viertelstunde hole ich euch wieder ab. Das Mädchen braucht Ruhe.«

Johnny und Russell betraten das Zimmer. Millie lag auf der Seite in ihrem Bett und starrte aus dem Fenster. Die roten Flecken auf ihrem Gesicht und den Händen waren deutlich zu sehen.

»Hi, Millie!«, sagten Johnny und Russell im Chor. Genau wie am Abend zuvor reagierte Millie nicht. Johnny holte Erasmus aus dem Rucksack und stellte ihn Millie gegenüber auf die Fensterbank.

»Na, was sagst du?«, fragte er.

»Hm«, brummte der Schädel. »Mir scheint, wir kommen gerade zur rechten Zeit. Ihr Körper fängt langsam an, sich aufzulösen.«

»Was?!«, riefen Johnny und Russell gleichzeitig.

»Es beginnt immer bei den Ohren.«

Die beiden Geisterjäger beugten sich über Millie – und wirklich. Ganz oben an Millies Ohrmuschel fehlte ein Stück.

»Setzt sie auf, und gebt ihr den Trank. Aber beeilt euch, bevor die Schwester wiederkommt!«, befahl der Schädel.

Johnny und Russell zögerten nicht länger. Während Johnny das Fläschchen entkorkte, zog Russell Millie hoch und stützte ihr den Rücken.

»Wir haben dir Medizin mitgebracht«, sagte Johnny. »Du

musst sie bloß nehmen.« Er hielt Millie das Fläschchen unter die Nase. Keine Reaktion.

»Das bringt nichts. Halt ihr die Nase zu, und rein mit dem Zeug«, schnaufte Russell, der alle Mühe hatte, die schlappe Millie aufzurichten.

Also hielt Johnny ihr die Nase zu. So lange, bis Millie nach Luft schnappte. Dann kippte er ihr den Trank einfach in den Mund. Millie schluckte und fing an zu husten. Ein Beben ging durch ihren Körper, und sie schnappte wieder nach Luft. Arme und Beine zitterten so sehr, dass Russell Mühe hatte, sie festzuhalten. Dann war das Zittern auch schon vorbei, und die Wärme kehrte in ihren Körper zurück. Arme, Beine, sogar die Ohren färbten sich rosa, und die Flecken verschwanden.

Unwillig schüttelte Millie Russell ab und setzte sich auf. Verwundert blickte sie in die Runde.

»Was ist los?«, keuchte sie. »Was habt ihr mir da gegeben? Ich fühle mich so ... so ...«

Besorgt sahen Johnny und Russell sie an.

»... so wunderbar!« Millie hob die Hände, kniff sich in die Arme und strampelte mit den Beinen.

Auf den Gesichtern der Jungs machte sich langsam ein Lächeln breit.

»Was habt ihr mir da gegeben?«, fragte Millie noch einmal und griff nach der Flasche, die auf ihrer Bettdecke lag.

»Das willst du nicht wissen«, murmelte Johnny.

»Ich fühle mich fantastisch!«, plapperte Millie weiter. »Einfach unglaublich ... Obwohl es schon recht makaber ist, mir einen Totenschädel zu schenken. Aber ihr habt recht. Ich habe mich tatsächlich mehr tot als lebendig gefühlt.« Millie schwang die Beine aus dem Bett.

»Das ist kein Geschenk«, sagte Johnny schnell. »Das ist ...«

»Erasmus von Rothenburg«, stellte sich der Schädel vor. »Und ich muss mich bei dir bedanken.«

Verdutzt starrte Millie erst Johnny, dann den Schädel an. »Habt ihr das auch gehört? Kann ... kann ...«

Johnny nickte. »Er kann!«

»Wenn mich nicht alles täuscht, habe ich es dir zu verdanken, dass ich damals, als die beiden Tölpel aus eurer Klasse Rugby mit mir gespielt haben, außer einem läppischen Zahn nichts weiter verloren habe.«

»Ach, du warst das«, antwortete Millie. Dann grinste sie. »Habe ich eben wirklich mit einem Totenkopf gesprochen?«

»Man gewöhnt sich daran, glaub mir«, grinste Russell zurück.

»Du hast überhaupt keine Flecken mehr«, stellte Johnny fest.

Millie lachte. »Und ich fühle mich so stark, als könnte ich Bäume ausreißen. Also sagt schon, was für ein Wundermittel habt ihr mir da eingeflößt?«

»Eine Medizin gegen Spukfieber«, sagte Russell.

»Spuckfieber?«, fragte Millie verwirrt.

»Nicht *Spuck*fieber. *Spuk*fieber«, lachte Johnny.

»Die Krankheit könnte mit dem Auftrag zusammenhängen, den du uns gegeben hast.«

Millie runzelte die Stirn. »Welcher Auftrag? Ich erinnere mich nicht.«

»Etwas hat dich bis nach Hause verfolgt«, half ihr Russell auf die Sprünge.

Millie starrte ihn kurz an. Dann wurden ihre Augen riesengroß. »Du hast recht. Das Ding vom Friedhof. Es lief auf drei Beinen ...«

»Es hatte nur drei Beine?«, staunte Russell.

»Vielleicht auch vier«, sagte Millie. »Ich weiß es nicht, es lief geduckt wie ein Affe, und ich glaube, es hielt etwas in der Hand.«

»Kannst du es nicht etwas genauer beschreiben?«, fragte Johnny.

Millie schüttelte den Kopf. Man sah ihr an, wie schwer es ihr fiel, darüber zu reden. »Es war jedes Mal dunkel, wenn sie auftauchten ...«

»Sie?«, riefen Johnny und Russell gleichzeitig.

»Es sind mehrere. Ihre Augen leuchten wie Taschenlampen. Ich glaube, sie tragen manchmal Sonnenbrillen, damit man sie nicht so schnell sieht.«

»Sonnenbrillen?«, echoten Johnny und Russell erneut.

»Oder so was Ähnliches. Tut mir leid, wenn ich euch nicht

mehr erzählen kann. Zuerst dachte ich, es wären sehr kleine Kinder ...«

»Und sie kamen immer vom Friedhof?«, fragte Johnny.

»Immer!«, bestätigte Millie.

In diesem Moment ging die Tür auf. Johnny schaffte es gerade noch, Erasmus hinter seinem Rücken zu verstecken, als die Schwester hereinkam. »Ich muss euch jetzt bitten zu gehen. Millie braucht Ruhe ...«

»Es ist alles in Ordnung«, beruhigte Millie sie und stopfte sich das Kissen hinter den Rücken. »Mir geht es gut.«

Erstaunt sah die Schwester sie an. »Du sprichst?«

»Warum denn nicht?« Millie war wie ausgewechselt.

»Ich hole gleich den Arzt. Es ist unglaublich, du scheinst dich einfach gesund geschlafen zu haben.« Die Schwester zwinkerte Johnny und Russell zu. »Oder liegt es an diesen beiden Herren? Ihr scheint Millie gutzutun.«

Millie grinste. »Stimmt. Die beiden sind Medizin für mich.«

»Trotzdem muss ich euch jetzt bitten zu gehen«, sagte die Schwester. »Der Arzt muss sich Millie erst einmal genau ansehen.«

»Ich melde mich, wenn ich wieder zu Hause bin«, versprach Millie. »Ihr zwei habt was gut bei mir.«

Johnny und Russell lächelten und verließen rückwärts, Schulter an Schulter, das Zimmer. Die Schwester mochte das ein wenig seltsam finden, doch darauf konnten sie leider keine

Rücksicht nehmen. Schließlich versteckte Johnny noch immer Erasmus hinter seinem Rücken.

Kaum hatten sie die alte Villa verlassen, waren die beiden nicht mehr zu bremsen. Sie klatschten sich ab und grinsten von einem Ohr zum anderen.

»Wahnsinn, Wahnsinn, Wahnsinn!«, rief Johnny. »Ich hätte nie gedacht, dass der Trank so gut wirkt!«

»Nur schade, dass niemand erfahren wird, was für Helden wir sind«, meinte Russell.

Johnny nickte zustimmend. Obwohl er fand, dass er deutlich heldenhafter gewesen war als sein Assistent. Denn der hatte eigentlich nichts gemacht, außer mitzukommen und Millie den Rücken zu stützen.

»Wir könnten die Zeitung informieren«, überlegte Russell laut, während sie mit dem Bus nach Hause fuhren. »Anonym selbstverständlich. Sonst würde es irgendwie nach Eigenlob stinken, oder was meinst du?«

»Stimmt«, sagte Johnny und sah verträumt aus dem Fenster. Auch er war sehr zufrieden mit sich.

»Kein Grund, sich auf seinen Lorbeeren auszuruhen«, platzte der Schädel in seine Gedanken. »Jetzt fängt eure Arbeit als Geisterjäger erst richtig an. Denn das, was Millie verfolgt hat, ist immer noch da!«

»Du hast recht«, sagte Johnny. »Wir sollten uns auf die Lauer legen oder ...«

»Oder die Sache einfach der Polizei melden«, meinte Russell.

»Der Polizei?«, schnaubte Johnny. »Die können Millie doch nicht schützen. Wir haben es schließlich mit keinem normalen Gangster zu tun, schon vergessen? Außerdem hat Millie uns den Auftrag gegeben ...«

»Das ist die richtige Einstellung«, lobte der Schädel.

»Dumm ist nur, dass ich euch bei der Sache nicht helfen kann«, brummte Russell. »Ich kann ja nicht mal so ein paar blöde Schleicher sehen.«

»Willst du etwa kneifen?«, fragte Johnny.

»Natürlich nicht«, antwortete Russell. »Aber ich muss auch an mich denken. Wie soll ich mich schützen, wenn ich die Typen nicht sehen kann?«

»Ich hätte da eine prima Idee«, grunzte der Schädel. »Warum ziehst du deine Kleidung nicht einfach falsch herum an? Unterhose oder Socken reichen völlig aus. Dadurch kannst du zwar noch immer keine Geister sehen, aber sie können dir auch nichts anhaben.«

»Echt?« Johnny und Russell sahen sich verblüfft an.

»Ich werde darüber nachdenken«, murmelte Russell.

15. Kapitel

Hühnergötter

Als Johnny nach Hause kam, hörte er aus dem Esszimmer ein leises Klingeln. Neugierig kam er näher und fand seine Eltern mit gekreuzten Beinen auf dem Boden sitzend. Sein Vater schlug andächtig zwei kleine Fingerzimbeln aneinander, und beide lauschten dem hellen Ton andächtig. Als sie Johnny bemerkten, flog ein Lächeln über ihre Gesichter.

»Hallo, Johnny! Na, was sagst du? Hast du jemals einen so schönen Klang gehört?« Sein Vater schlug die kleinen Bronze-

scheiben noch einmal gegeneinander, und der helle Ton kitzelte Johnnys Ohren.

»Klingt irgendwie himmlisch«, grinste er.

»Du hast es erfasst. Zimbeln werden noch heute bei rituellen Tänzen oder zur Meditation verwendet.«

»Sind neue Kisten gekommen?«, fragte Johnny gespannt.

Seine Eltern nickten. »Die Spedition hat die letzten heute Vormittag gebracht.«

Johnnys Dad strahlte. »Es sind ein paar sehr schöne Stücke dabei. Ich kann es gar nicht abwarten, sie dem Londoner Museum zu präsentieren. Es macht dir doch nichts aus, eine Nacht allein zu bleiben?«

»Ihr fahrt weg?«

»Ja, morgen früh geht es los«, bestätigte sein Dad.

»Wir könnten Mrs Adams bitten, hier zu übernachten, dann wärst du nicht so allein«, überlegte seine Mutter.

Johnnys Gedanken überschlugen sich. »Oh ... nicht nötig«, sagte er schnell.

Das kam ja wie gerufen. Er hatte sowieso vorgehabt, sich einmal gründlich auf dem Friedhof umzusehen. Und was wäre perfekter als eine sturmfreie Burg?

»Ich könnte Russell fragen, ob er bei mir übernachtet. Dann können wir uns gegenseitig Gesellschaft leisten«, schlug er vor.

»Wie selbstständig du geworden bist«, lächelte seine Mum und gab ihm einen Kuss.

Sein Dad rieb sich die Hände. »Was ist? Hast du Lust, eine Runde Halma zu spielen? Wer weiß, wann wir wieder Zeit dafür haben.«

Johnny wusste es zwar zu schätzen, dass sich seine Eltern Zeit für ihn nahmen, aber um ehrlich zu sein, konnte er sich nichts Langweiligeres vorstellen, als Halma zu spielen. Außerdem spürte er, wie Erasmus in seinem Rucksack unruhig wurde. »Kann ich mir vorher noch die Sachen ansehen, die heute angekommen sind?«

»Vielleicht morgen«, vertröstete ihn seine Mutter. »Wir haben schon wieder alles verpackt. Und was richtig Spektakuläres ist ohnehin nicht dabei.«

»Okay, dann morgen. Ich bringe nur schnell den Rucksack in mein Zimmer, dann können wir spielen«, sagte Johnny und lief die Treppe hinauf.

»Warum bringst du mich nicht in die Bibliothek?«, beschwerte sich Erasmus.

»Weil ich nicht will, dass du in den Kisten herumschnüffelst. Du würdest doch sicher den Highlander um Hilfe bitten.«

»Für wen hältst du mich?«, empörte sich der Schädel.

Johnny gab darauf keine Antwort, sondern lief hinunter zu seinen Eltern, und zu dritt verbrachten sie einen Spieleabend, der viel lustiger war, als Johnny solche Abende in Erinnerung hatte.

Als er sich Stunden später müde in sein Zimmer schleppte, wurde er bereits erwartet. Erasmus war hellwach und klapperte munter mit dem Kiefer.

»Gut, dass du endlich kommst«, rief er aufgeregt. »Guck mal, was ich hier habe.«

»Hat das nicht Zeit bis morgen?«, fragte Johnny und stieg in seinen Pyjama. »Ich bin hundemüde.«

»Oho, der kleine Geisterjäger ist müde«, sagte Erasmus spöttisch. »Na dann, schnell ins Bettchen. Mit dieser Einstellung wirst du es allerdings nicht besonders weit bringen.«

»Also gut. Zeig schon her, was du gefunden hast.«

»Zeig schon her? Wie wäre es mit einem Bitte, einem Danke, ein bisschen Hochachtung für all das, was ich für dich tue?«

Johnny seufzte. Er wusste, wie anstrengend es war, wenn Erasmus beschlossen hatte, die beleidigte Leberwurst zu spielen. Also lenkte er ein. »Schon gut«, sagte er. »Ich bitte dich hiermit höflich, mir zu zeigen, was du mir zeigen willst.«

»Geht doch«, brummte Erasmus. Und im nächsten Moment hörte Johnny etwas über die Schreibtischplatte rutschen. Ein flacher Stein mit einem Loch in der Mitte glänzte im Schein seiner Schreibtischlampe.

»Das Ding da wolltest du mir zeigen?«, fragte Johnny. Er fand den Stein nicht besonders spektakulär. Im Gegenteil. Er sah aus wie all die Steine, die man an jeder Ecke mit einem Lederband versehen kaufen konnte.

»Ja, genau. Das ist es!«, bestätigte Erasmus und klapperte mit den Zähnen.

»Und das hatte keine Zeit bis morgen?«, fragte Johnny enttäuscht. »Ich glaube, man nennt so etwas Hühnergott oder auch Druidenglas oder Schlangenei. Ich habe noch ein paar von diesen Dingern in irgendeiner Schublade rumliegen.«

»Unwahrscheinlich«, knurrte Erasmus. »Ich glaube nicht, dass du so etwas besitzt. Und es ist auch kein Hühnergott, oder wie immer du es nennst.«

»Was denn dann?«, fragte Johnny und nahm den Stein in die Hand. Er fühlte sich zwischen seinen Fingern ganz kühl und glatt an.

»Es ist ein Oculus. Ein magisches Fenster. Wer den Stein vor sein Auge hält, kann in die Anderwelt blicken. Das heißt, er kann Geister und andere magische Wesen sehen.«

»Im Ernst?« Neugierig betrachtete Johnny den schwarzen Stein mit den goldenen Sprenkeln.

»Wenn es stimmt, was du sagst, wäre das der perfekte Stein für Russell.«

Erasmus schwieg grimmig.

»Okay, okay, natürlich stimmt es«, meinte Johnny schnell. »Woher hast du ihn? Doch nicht etwa aus den Kartons meiner Eltern?«

Erasmus zog zischend die Luft ein. »Natürlich nicht! Er stammt aus dem Hexenhaushalt. Ich wusste, dass ich ihn zwi-

schen all dem anderen Zeug gesehen hatte, und habe einen Freund gebeten, ihn mir durchs Fenster zu reichen.«

Johnny pfiff durch die Zähne. »Was für einen Freund? Ach, ich will's gar nicht wissen. Würdest du ... würdest du uns den Stein leihen? Russell wäre dann nicht so hilflos, wenn wir auf Geister treffen.«

»Darüber ließe sich reden«, erwiderte der Schädel. »Ich brauche rein zufällig ein wenig Zinn, damit ich experimentieren kann. Wenn ihr mir den beschafft, leihe ich euch den Stein.«

»Wo soll ich denn Zinn herzaubern?«, fragte Johnny mürrisch.

»Das gibt's im Baumarkt, wenigstens stand es so in der letzten Prospektbeilage.«

»Du bist ja gut informiert. Also gut. Ich versuche es im Baumarkt, aber versprechen kann ich dir nichts.«

»Das soll mir reichen«, meinte der Schädel. »Ich nehme den Stein bis dahin wieder an mich.«

Und *zack*, flog der Oculus aus Johnnys Hand und klemmte zwischen den Zähnen des Schädels.

Am nächsten Morgen wurde Johnny früh von fremden Stimmen geweckt. Neugierig stand er auf und sah, wie zwei kräftige Männer eine Kiste die breite Treppe hinunter in die Halle trugen. Seine Mutter beaufsichtigte den Transport.

»Guten Morgen, Johnny!«, rief sie. »Schön, dass du schon

aufgestanden bist. Dann können wir zusammen frühstücken, bevor wir uns auf den Weg zum Flughafen machen.«

»Morgen, Mum«, antwortete er. »Wann fliegt ihr denn?«

»Sobald die Kisten verstaut sind, geht es los«, sagte seine Mutter und sah ihn besorgt an. »Ist es wirklich okay für dich, eine Nacht alleine zu bleiben? Wie gesagt, ich könnte Mrs Adams bitten …«

»Nicht nötig«, beruhigte sie Johnny. »Ich werde gut auf die Burg aufpassen.«

»Und du hast auch keine Angst?«

»Angst? Ich? Sehe ich aus, als würde ich vor irgendwas Angst haben?« Johnny fand selbst, dass er ein bisschen zu laut tönte. »Ich werde gleich Russell anrufen. Der kommt dann rüber, und wir machen uns einen lustigen Abend.«

Seine Mum lächelte. Man konnte ihr die Erleichterung deutlich ansehen.

Gleich nachdem seine Eltern ins Taxi gestiegen waren, rief Johnny Russell an. Er ließ es aber bloß zweimal klingeln, dann legte er auf und wartete auf einen Rückruf.

»Was ist los?« Russell klang eindeutig verschlafen.

»Bist du schon wach?«

»Ja, das Telefon hat geklingelt«, meinte Russell genervt.

Johnny grinste. »Tut mir leid. Aber meine Eltern sind gerade auf dem Weg nach London, und ich habe die ganze Burg für mich.«

»Echt?« Russell klang schon wesentlich munterer.

»Hast du Lust rüberzukommen? Du kannst hier natürlich übernachten.«

Johnny konnte förmlich hören, wie es in Russells Kopf ratterte. »Ich weiß nicht«, sagte er zögernd. »Ich hatte diese Woche schon fünfmal Chor ...«

»Dann lass dir etwas einfallen! Die Burg ist ein prima Hauptquartier. Wir könnten unseren nächsten Einsatz zum Fall Millie planen ...«

»Schon gut«, bremste ihn Russell. »Ich weiß zwar nicht wie, aber ich werde meine Eltern überreden. Mir fällt schon was ein.«

»Super!«, sagte Johnny. »Dafür gibt es dann auch eine Belohnung. Erasmus hat nämlich so einen komischen Stein aus dem Hut gezaubert, mit dem man Geister sehen kann.«

»Im Ernst?«

»Yep. Wir müssten ihm nur etwas Zinn für seine Experimente besorgen, dann leiht er ihn uns.«

»Meint er Zinn zum Löten, wie im Chemieunterricht?«

»Keine Ahnung. Es soll ihn im Baumarkt geben. Ich schlage vor, wir treffen uns da in einer Stunde. Ich warte vor dem Laden auf dich. Und danach können wir den Friedhof etwas genauer unter die Lupe nehmen.«

»In einer Stunde? Mir muss erst etwas einfallen, damit meine Eltern mich weglassen. Vor vier Uhr läuft da nichts.«

Johnny war ziemlich enttäuscht, aber es ließ sich wohl nicht ändern. »Okay, dann bis vier Uhr. Und sag Bescheid, wenn du nicht kommst, damit ich nicht umsonst warte.«

Hinter der Mauer

Pünktlich zur verabredeten Zeit stand Johnny vor dem Baumarkt. Erasmus verschaffte sich noch immer einen Überblick über den Hexenhaushalt, und Johnny hatte sich zeitig auf den Weg gemacht, weil ihm zu Hause die Decke auf den Kopf fiel. Das Zinn hatte er bereits gekauft und in seinem Rucksack verstaut. Nun wartete er vor dem Geschäft und schaute über den Parkplatz. Er musste nicht allzu lange warten, da kam Russell auch schon zwischen den parkenden Autos auf ihn zugelaufen.

»Na, du Hut!«, rief er schon von Weitem und stellte schnaufend die große Reisetasche ab.

»Hi. Wir sind hier eigentlich schon fertig. Ich habe das Zinn bereits gekauft.« Johnny klopfte auf seinen Rucksack. »Es hat mich neun Pfund gekostet.«

»Ist ja für einen guten Zweck«, meinte Russell.

Johnny verzog das Gesicht. Dann deutete er mit dem Kopf auf Russells prall gefüllte Reisetasche. »Und? Was hast du deinen Eltern erzählt?«

»Du meinst wegen der Übernachtung? Das war eigentlich ganz einfach. Zum Glück ist mir Bernie Shoemaker eingefallen. Er schuldet mir noch einen Gefallen. Ich habe ihn angerufen, und er hat die Sache für mich klargemacht.«

»Heißt das, Bernie Shoemaker ...«

»... hat bei meinen Eltern angerufen und gefragt, ob ich mit ihm und seinen Eltern übers Wochenende an die See fahren darf.«

Russell grinste.

»Du bist echt abgebrüht. Hast du Bernie nicht auch schon Nachhilfe gegeben?«

Russell zuckte mit den Schultern. »Meine Eltern hätten mir den Umgang mit dir eben nicht verbieten sollen. Das haben sie jetzt davon. Wollen wir gleich zurück auf die Burg?«, fragte er dann eifrig. »Ich bin gespannt, wie viele Geister sich dort oben herumtreiben, ohne dass du es bemerkst.«

»Nee, lass uns zuerst zum Friedhof gehen, solange es noch hell ist«, schlug Johnny vor.

»Ach ja, der Friedhof. Was willst du denn da?«

»Mich nach Spuren umsehen. Wenn es erst dunkel ist, werden wir keine finden.«

»Du meinst ernsthaft, das, was Millie verfolgt hat, haust auf dem Friedhof?«

»Klar. Hast du Millie nicht zugehört? Und jetzt komm. Du kannst deine Tasche hinter dem *Hobgoblin* im Gebüsch verstecken.«

»Na gut. Aber nur eine halbe Stunde.«

Am *Hobgoblin* waren die Handwerker gerade dabei, die Schäden an der hinteren Tür zu reparieren. Und es dauerte eine Weile, bis Russell den richtigen Zeitpunkt fand, seine Reisetasche über den Zaun zwischen die Buschbohnen zu werfen.

Er kicherte. »Stell dir vor, Millies Mutter bekommt Appetit auf Bohnen ...«

»Ist sie schon wieder zu Hause?«, wunderte sich Johnny.

»Ja, meine Mum sagt, sie haben sie noch am selben Tag wieder entlassen.«

Obwohl Blacktooth eine kleine Stadt war, war der Friedhof erstaunlich groß. Nicht weil die Menschen hier häufiger starben als anderswo, sondern weil er so alt war und es reichlich Platz gab. In der Mitte des Friedhofs stand das Mausoleum der Hamiltons mit seinen griechischen Säulen, die irgendwann

einmal weiß gewesen waren, bevor die Familie von hier fortzog und sich niemand mehr um die alten Mauern kümmerte.

Johnny und Russell steuerten sofort den ältesten Teil des Friedhofs an. Den Teil, in dem sie auch das gräuliche Greisenhaupt gepflückt hatten und in dem die Grabsteine so schief und krumm waren wie die Zähne im Mund eines sehr alten Mannes.

Obwohl es erst Nachmittag war, herrschte bereits dämmriges Zwielicht. Johnny sah sich immer wieder verstohlen um.

»Wonach suchen wir eigentlich?«, fragte Russell, nachdem sie eine Weile ziellos zwischen den Gräbern umhergestreift waren.

Johnny zuckte mit den Schultern. »Keine Ahnung. Aber wenn sie Sonnenbrillen tragen und irgendwelche Sachen mit sich herumschleppen, wie Millie sagt, könnte es doch sein, dass sie hin und wieder auch etwas verlieren.«

Russell zog fröstelnd die Schultern zu den Ohren. Ein kalter Wind raschelte im herbstlichen Laub und ließ die herabgefallenen Blätter tanzen. »Du meinst ernsthaft, wir sollen nach Sonnenbrillen suchen?«, fragte er.

Johnny nickte. »Oder nach anderen verdächtigen Dingen.«

Russell heftete seinen Blick fest auf den Boden. »Okay ... suchen wir eben nach Sonnenbrillen ... Und wenn wir ein Dutzend zusammenhaben, verkaufen wir sie im Internet.«

Johnny sah seinen Freund genervt an. »Hast du vielleicht eine bessere Idee?«

»Nein, aber vielleicht sollten wir einfach warten, bis Millie zurück ist? Ich hab's nicht so mit Friedhöfen ...«

Er hatte den Satz gerade ausgesprochen, da hörten sie einen sehr menschlichen Schreckensruf, und zwei Gestalten rannten an der Friedhofsmauer geduckt davon. Einer von ihnen stolperte, sprang wieder auf die Beine und war gleich darauf hinter ein paar Grabsteinen verschwunden.

Johnny und Russell sahen sich an. »Waren das nicht Barty und Alfie?«, fragte Johnny verdutzt.

Russell nickte. »Sie sind geflitzt, als wären fünf Mumien hinter ihnen her.«

»Komm, lass uns nachsehen, was sie so erschreckt hat.«

Russell zögerte. »Ich weiß nicht. Ich glaube, sie waren dort hinter der Mauer.«

»Na und?« Johnny war schon auf dem Weg.

»Das ist ungeweihter Boden«, flüsterte Russell. »Da haben sie früher Hexen und Selbstmörder begraben.«

»Im Ernst?«, staunte Johnny. »Das wusste ich nicht. Lass uns trotzdem mal gucken. Es ist noch hell, was soll schon passieren?«

Unschlüssig sah Russell sich um. Johnny hatte recht. Sie waren nicht die einzigen Besucher auf dem Friedhof. Zwei Frauen mit Gießkannen unterhielten sich hinter der Kirche, und ein Gärtner jätete im neuen Teil des Friedhofs Unkraut.

»Okay«, sagte er. »Aber nur ein Blick. Dann verschwinden wir wieder.«

Johnny ging prüfend an der brüchigen Mauer entlang. Die rostige Pforte war zwar verschlossen, aber an manchen Stellen waren die Steine in sich zusammengefallen.

»Ich wette, sie kamen von hier.« Johnny deutete auf eine Stelle der Mauer, an der die Hälfte fehlte.

»Die Wette gewinnst du«, meinte Russell und bückte sich nach einem schwarzen Gegenstand, der vor ihm im Gras lag. »Guck mal. Einer von ihnen hat seine Taschenlampe verloren.«

Johnny grinste. Dann stützte er sich mit beiden Händen auf die Mauerreste und stemmte sich hoch. Er hatte noch nie gehört, dass es auf Friedhöfen Ecken mit ungeweihtem Boden gab.

Neugierig schaute er auf das, was hinter der Mauer lag, und war enttäuscht. Hier war nichts außer wucherndem Gras und Weißdorngestrüpp.

Neben ihm zog sich Russell schnaufend auf die Mauer. »Und?«, fragte er.

»Hier gibt es nicht einmal Grabsteine«, antwortete Johnny enttäuscht und ließ sich auf den Boden plumpsen.

»Logisch gibt es hier keine Grabsteine. Sie haben die Leute ja bloß verscharrt.«

»Ich möchte wissen, was Barty und Alfie so erschreckt hat.« Johnny stocherte mit einem Stock im Boden herum. Dann stieß er einen Pfiff aus. »Ich glaube, hier ist was.«

Sofort war Russell bei ihm.

»Hier ist ein Hohlraum.« Johnny schob den Stock der Länge nach in die Erde.

»Sei vorsichtig!«, warnte Russell. Doch da war es auch schon zu spät. Der Boden öffnete sich wie ein hungriger Mund, und sie fielen samt Wurzelwerk einfach hinein.

»Ahhh! Autsch!«, rief Russell.

»So ein Mist!«, fluchte Johnny und rappelte sich auf.

»Das hast du jetzt von deiner dämlichen Stocherei!«, schimpfte Russell und sah zu der runden Öffnung hinauf, von der ein paar Erdklumpen rieselten.

»Da oben kommen wir nicht wieder raus«, sagte Johnny.

»Du musst es ja wissen«, knurrte Russell. »Schließlich ist in Gräber zu fallen ja dein neues Hobby.«

»Das hier ist kein Grab«, antwortete Johnny. »Wenn wir bloß etwas Licht hätten.«

»Kannste haben!« Russell knipste die Taschenlampe an, die er vor der Mauer gefunden hatte.

Über Johnnys Gesicht huschte ein Lächeln. »Wer sagt, dass Barty und Alfie zu nichts zu gebrauchen sind?« Er ließ seine Finger über die Seiten ihres Gefängnisses gleiten. »Hier ist eine Wand. Wenigstens fühlt es sich so an.«

»Es könnte genauso gut ein Sargdeckel oder ein Grabstein sein«, murmelte Russell.

»Hast du nicht eben behauptet, hier wurde niemand mit Grabstein beerdigt?«, gab Johnny zurück.

Russell sah sehnsüchtig zu der Öffnung über ihren Köpfen. »Wir können es doch mal versuchen.«

»Bloß nicht. Es sei denn, du willst lebendig begraben werden«, warnte Johnny und stocherte in der Erde, die sich vor ihnen aufgetürmt hatte. »Es geht ganz leicht. Vielleicht ist dahinter ein Gang oder eine größere Kammer, zu der wir uns durchgraben können.«

Wie die Maulwürfe schaufelten sie die lose Erde vor ihnen zur Seite, und schon bald zeigte sich oben unter der Decke eine kleine Öffnung, durch die ein muffiger Lufthauch wehte.

»Mach weiter!«, rief Johnny. »Wir haben es gleich geschafft!« Sie gruben so lange, bis die Öffnung groß genug war, dass sie bäuchlings hindurchkriechen konnten.

»Passt du durch?«, fragte Johnny, der als Erster in den angrenzenden Raum kroch.

»Logisch«, schnaufte Russell.

Johnny nahm ihm die Taschenlampe aus der Hand und leuchtete in die Finsternis. »Ich glaube, das ist eine Art Gang.«

»Ein sehr niedriger Gang«, stellte Russell fest und tastete die Decke über seinem Kopf ab. Ein dichtes Wurzelgeflecht hatte sich den Weg durch die erdige Decke gebahnt, und hier und dort schimmerten silbrig die Ausläufer des gräulichen Greisenhaupts.

»Es sieht aus, als könnte der Gang jederzeit in sich zusammenfallen«, flüsterte Russell.

»Und deshalb sollten wir so schnell wie möglich von hier verschwinden«, sagte Johnny und lief los.

Geduckt folgten sie dem Schein ihrer Taschenlampe. Je weiter sie gingen, desto stickiger wurde die Luft.

Plötzlich blieb Russell stehen und schnüffelte. »Bah! Riechst du das?«

»Was ist das für ein Gestank?«, fragte Johnny. »Es riecht wie fauliges ...«

»Hör auf. Ich will gar nicht wissen, wonach es riecht«, meinte Russell.

Geduckt gingen sie weiter durch den niedrigen Tunnel. »Merkst du das?«, fragte Johnny auf einmal.

»Frische Luft«, sagte Russell. »Hier muss irgendwo ein Ausgang sein.«

»Da!« Johnny deutete auf ein paar Stufen, die rechts von ihnen steil nach oben führten.

Eilig stiegen sie die Treppe hinauf, dann blieb Johnny plötzlich stehen.

»Was ist?«, fragte Russell nervös.

»Hier ist eine Tür.« Johnny ließ den Strahl der Taschenlampe über die Tür wandern. »Sie schließt nicht richtig, deshalb der Luftzug«, stellte er fest. »Hilf mir mal! Vielleicht können wir sie noch ein wenig weiter aufdrücken.« Mit vereinten Kräften stemmten sie sich gegen das Hindernis.

»Sie bewegt sich!«, schnaufte Russell.

Und wirklich. Zusammen schafften sie es, die Tür so weit zu öffnen, dass sie sich schließlich hindurchzwängen konnten.

»Alter, was für ein Glück«, sagte Russell erleichtert, als sie erschöpft hinter dem Mausoleum der Hamiltons saßen und sich den Dreck von Jacken und Hosen wischten.

Johnny lachte. »Ich hätte niemals gedacht, dass ich mal in winzigen Tunneln unter dem Friedhof herumkrabbeln würde. Aber ich glaube, wir haben ganz nebenbei einen Geheimgang entdeckt.«

Russell stand auf. »Mein Bedarf an Geheimnissen ist für heute gedeckt. Ich will mich jetzt nur noch vor die Glotze werfen.«

Sie wollten gerade den Friedhof durch den Hinterausgang verlassen, als sie plötzlich vom Blitz einer Kamera geblendet wurden.

»Auf Geistersuche, Sinclair?«, fragte eine Stimme aus dem Schatten der Mauer. Johnny zuckte zusammen, hatte sich aber schnell wieder im Griff. Barty und Alfie traten vor ihnen auf den Weg.

»Und selbst?«, gab Johnny zurück.

»Das gehört nicht zufällig euch?« Russell fuchtelte mit der Taschenlampe herum, die er gerade gefunden hatte.

Alfies Hand schnellte nach vorn. »Woher hast du die?«

»Die muss irgendeinem Schisser aus der Hand gefallen sein«, sagte Johnny grinsend, bevor Russell antworten konnte. »Ist das deine?«

»Gib her!« Alfie entriss Russell die Taschenlampe und steckte sie sich in seinen Hosenbund. »Warum seht ihr so dreckig aus?«, fragte er misstrauisch.

Barty grinste fies. »Sagt bloß, ihr habt auf dem Schindanger gebuddelt?«

Johnny hatte das Wort Schindanger zwar noch nie gehört, aber er schätzte, dass damit der ungeweihte Boden gemeint war.

»Und wenn …?«, fragte er gedehnt.

»Dann gute Nacht. Da wurden nämlich nur Hexen und Zombies begraben. Wenn es dunkel wird, steigen sie aus ihren Gräbern und machen sich auf die Suche nach denjenigen, die ihre Ruhe gestört haben.« Alfie streckte die Arme aus und trottete wie ein Zombie umher.

Johnny sah aus den Augenwinkeln, wie sich Russell nervös umsah. »Cool!«, sagte er deshalb lässig. »Aber ihr wisst hoffentlich, dass sie immer denjenigen holen, der ihre Ruhe als Erster stört, oder?«

Russell nickte. »Und ich wette, ihr wart schon vor uns da.«

»Quatsch!« Barty und Alfie tauschten einen kurzen Blick. »Ihr habt Glück, dass wir losmüssen.« Barty gab Johnny einen kleinen Stoß vor die Brust.

»Aber wir kommen wieder«, versprach Alfie.

»Das macht mal«, rief Russell ihnen nach. »Aber nicht so schnell. Die Toten haben ein langes Gedächtnis.«

Nachdem Barty und Alfie verschwunden waren, sahen sich auch die beiden Geisterjäger unbehaglich um. »Besser, wir hauen auch ab.«

Sie liefen im Schatten der Friedhofsmauer entlang, und Johnny stellte fest, dass er diesen Teil von Blacktooth kaum kannte. An manchen Stellen hatte man einen wunderbaren Blick ins Tal, andere Stellen waren weniger romantisch. So wie der Campingplatz von Blacktooth. Im Herbst lebten hier nur noch wenige Menschen.

»Ist das nicht Bronzo, der da vor dem Wohnwagen steht?«, wunderte sich Johnny und zeigte auf eine massige Gestalt, die sich über einen Tisch beugte.

»Ja, das ist er«, sagte Russell völlig unbeeindruckt. »Er wohnt schon lange da, wusstest du das nicht?«

»He, was glotzt ihr so?« Bronzo hatte sie entdeckt und richtete sich zu seiner vollen Größe auf. »Verschwindet!«

Das ließen sich Johnny und Russell nicht zweimal sagen. Nichts wäre schlimmer, als sich jetzt auch noch mit diesem Neandertaler absabbeln zu müssen.

Als sie am Garten des *Hobgoblin* ankamen, brannte oben in Millies Zimmer Licht. Es fing an zu dämmern, und jemand hatte die Fenster weit geöffnet. »Guck mal. Es sieht aus, als wäre Millie wieder zu Hause!«, rief Russell erstaunt.

»Dann hat sie im Krankenhaus wirklich Dampf gemacht … «, sagte Johnny.

»Lass uns zu ihrem Fenster gehen, vielleicht hört sie uns, wenn wir sie rufen.«

»Hey, Millie!«, tutete Russell so laut wie ein Nebelhorn. »Komm mal ans Fenster!«

»Pssst! Bist du verrückt geworden? Ihre Mutter kann dich hören!«, zischelte Johnny.

Doch davon wollte Russell nichts wissen. Er schnappte sich einen heruntergefallenen Apfel und warf ihn mit Schwung in Millies Zimmer.

Drinnen ertönte ein erschreckter Schrei, und dann tauchte Millies Kopf am Fenster auf. »Welcher Blödmann war das?«, fauchte sie und rieb sich die Stirn.

Russell zeigte verlegen auf Johnny.

»He, spinnst du?«, rief Johnny empört. »Ich war's nicht.« Dann blickte er zu Millie hinauf. »Wir haben Licht bei dir gesehen und dachten ...«

»*Ich* dachte ...«, verbesserte ihn Russell. »Ich dachte, wir könnten Hallo sagen und fragen, wie es dir geht. Also wie geht es dir?« Er grinste von einem Ohr zum anderen.

Jetzt schob Johnny ihn einfach zur Seite. »Ehrlich gesagt sind wir eher zufällig hier ...« Er machte eine Pause. »Wir haben uns auf dem Friedhof umgesehen. Wusstest du, dass es da eine Abteilung nur für Hexen gibt?«

»Klar«, antwortete Millie. »Habt ihr eine getroffen? Eure Klamotten sehen aus, als hättet ihr euch im Dreck gewälzt.«

»Oh, danke!« Johnny verzog das Gesicht. »Eine Hexe haben wir nicht getroffen, aber …«

»Barty und Alfie haben sich dort rumgetrieben«, sagte Russell. »Vermutlich haben sich sämtliche Geister vor lauter Schreck in Luft aufgelöst.«

Millie versuchte ein Lächeln. »Ich wünschte, du hättest recht.«

Johnny, der mit seiner Unterhaltung noch nicht fertig war, sah Russell genervt an. Wieso musste er ihm ständig ins Wort fallen? Er strich sich verlegen durchs Haar. »Ähm, wie geht es dir überhaupt?«

»Hab ich doch auch schon gefragt«, sagte Russell.

»Gut!«, sagte Millie.

»Bloß gut, oder sehr gut?«, forschte Russell nach.

Jetzt musste Millie lachen. »Mir geht es sehr gut!«, sagte sie. »Eure Medizin hat wahre Wunder gewirkt.« Dann wurde sie wieder ernst. »Trotzdem ist es ein blödes Gefühl, wieder hier zu sein. Ich meine, wie soll ich mich sicher fühlen, wenn ich nicht mal weiß, was passiert ist.«

»Millie!?«, rief Mrs Edwards von unten.

»Gleich, Mum!«

»Wenn du willst, kommen wir morgen vorbei und machen dein Zimmer Zombie-sicher«, sagte Russell.

»Was für Zombies?« Erschrocken sah Millie ihn an.

»Russell wollte nur witzig sein«, sagte Johnny. »Wir wissen noch nicht, wer oder was dich verfolgt hat. Aber wir werden es

herausfinden. Großes Geisterjäger-Ehrenwort! Lass die Fenster am besten zu.«

»Mach ich!«, versprach Millie. »Wir sehen uns dann morgen. Um wie viel Uhr seid ihr hier?«

»Kurz nach dem Mittag«, sagte Johnny. Und mit diesen Worten verabschiedeten sie sich. Russell holte noch schnell seine Reisetasche aus den Buschbohnen, und sie machten sich auf den Weg Richtung Greyman Castle.

17. Kapitel

Das magische Fenster

»Worauf wartest du?«, rief Johnny Russell zu, der sich trotzig auf seine Reisetasche gesetzt hatte und die Arme vor der Brust verschränkte.

»Auf ein Taxi, das mich und meine Tasche nach oben bringt«, grummelte Russell. »Ich habe echt keine Lust, sie da hochzuschleppen.«

Der Bus hatte sie gerade an der Abzweigung nach Greyman Castle rausgelassen. Den Rest mussten sie allein schaffen.

»Und ich habe keine Lust, erst in hundert Jahren oben anzukommen«, sagte Johnny und kam noch einmal zurück. »Gib schon her.« Er nahm die Reisetasche und stapfte los.

»Echt nett von dir«, meinte Russell. »Aber du bist es ja auch gewohnt, wie eine Bergziege hier raufzuklettern.«

Bald lichteten sich die Bäume und gaben den Blick auf die Burg frei. Dunkel hockte sie da und schien jeden zu beobachten, der sich ihr näherte. Und plötzlich war Johnny dankbar, nicht allein hier anzukommen. Normalerweise brannte in der Toreinfahrt Licht, und auch in der Burg leuchteten immer ein paar Fenster. Doch heute war alles dunkel.

»Es war das letzte Mal, dass ich diesen Weg genommen habe!«, sagte Russell und schnaufte wie eine alte Bulldogge. »Hast du den Schlüssel?«

Johnny klopfte sämtliche Taschen ab und machte ein erschrockenes Gesicht.

Russell sah ihn entgeistert an. »Nee, oder?«

Da klapperte Johnny mit dem Schlüsselbund. »Überraschung!«, rief er und konnte Russells Boxhieben gerade noch ausweichen.

Drinnen schalteten sie als Erstes das Licht an und trugen Russells Tasche in Johnnys Zimmer.

»Du kannst hier schlafen. Ich schlafe nebenan, im Zimmer meiner Eltern«, erklärte Johnny großzügig.

Und so wurde es gemacht. Russell packte zuallererst seine

Tasche aus. Er stellte den Wecker auf die Truhe, setzte sein kleines Reiseschweinchen aufs Kopfkissen und legte seinen Pyjama ausgebreitet aufs Bett.

Johnny wartete währenddessen und sah immer wieder aus dem Fenster. »Wenn du mit dem Dekorieren fertig bist, könnten wir uns etwas zu essen machen«, schlug er schließlich vor.

Russell war einverstanden, und wenig später stürzten sie sich wie ausgehungerte Wölfe auf das kalte Hühnchen, die kleinen weißen Brötchen und den Salat, den Mrs Adams für sie in den Kühlschrank gestellt hatte.

»Ziemlich lecker!«, schmatzte Russell und spülte den Rest mit einem Schluck Cola runter.

Johnny rülpste zufrieden. Es war gar nicht so übel, sein eigener Herr zu sein. Kein Gequengel, kein *Mach dies* und *Tu das* … Alles ganz entspannt.

Nach einer Weile stellten die beiden Geisterjäger ihre Teller in die Spülmaschine und machten sich auf den Weg, um Erasmus das Zinn zu bringen. Russell war schon ganz scharf auf den Geisterstein, den der Schädel ihnen als Lohn versprochen hatte.

Satt und gut gelaunt liefen die beiden Jungs in die Bibliothek. Sie wollten gerade eintreten, als sie einen grünen Schein unter dem Türspalt sahen. Stumm deutete Johnny auf das Geisterlicht. »Ich wette, das ist der Highlander«, flüsterte er.

»Dann lass uns lieber nicht reingehen«, flüsterte Russell zurück.

Doch da hatte Johnny die Tür schon geöffnet. »Oh!«, entfuhr es ihm.

Russell sah ihm neugierig über die Schulter. Am Ende des Raums, direkt vor dem Fenster, stand die magere Gestalt von Tommy Drum. Aus großen traurigen Augen blickte sie der Geisterjunge an, während der tanzende Kilt, ein körperloser Schottenrock, wie ein Wischmopp wild um ihn herumwirbelte.

»Was zum Teufel tust du noch hier?«, blaffte Johnny unfreundlich. »Ich dachte, du hättest dich erfolgreich in Luft aufgelöst!«

Tommy Drum war Trommler in einem englischen Regiment gewesen, bevor er starb, und damals höchstens dreizehn Jahre alt. Seit mehr als zweihundert Jahren spukte er nun schon auf Greyman Castle herum. Bis zu dem Tag, an dem Johnny und Russell ihn vertrieben hatten. Oder auch nicht ...

»Huuuuuuhuuuuuu!« Das Gespenst heulte, wie es Schlossgespenster nun mal so tun, und stürmte auf die beiden Jungen zu.

»In Deckung!«, rief Johnny, und es gelang ihnen gerade noch rechtzeitig, zur Seite zu springen. Wenn sie eins aus ihrem ersten Abenteuer gelernt hatten, dann das: Stell dich niemals einem wütenden Geist in den Weg!

Tommy Drum zischte wie Ketchup aus der Flasche an ihnen vorbei und bretterte durch die Wand hinaus auf den Flur. Auch wenn es völlig unnötig war, schlug Russell die Tür hinter ihm zu. »Der wäre weg«, sagte er.

»Blöd, dass er überhaupt wieder da war«, ärgerte sich Johnny. Sie betätigten den Mechanismus zum Geheimgang und stiegen durch den Kamin die schmale dunkle Treppe hinunter. Johnny wollte gerade am Hebel ziehen, als er zornige Stimmen hörte.

»Was ist? Mach auf!«, drängte Russell.

»Psst!« Johnny legte lauschend ein Ohr an die Regalrückwand, die als Geheimtür diente, und Russell folgte seinem Beispiel.

»Es war keine gute Idee, hierher zurückzukehren«, sagte eine seltsam blecherne Stimme.

»Man kann sich seine Wege nicht immer aussuchen.« Erasmus' Stimme klang hart. »Aber glaub mir, ich werde alles in meiner Macht Stehende tun, dass er mich zum Ziel führt.«

»Hahaha!« Die blecherne Stimme lachte trocken. »Zum Ziel? Was soll das für ein Ziel sein? Sieh dich doch an. Du bist nichts weiter als ein Schädel. Seine Geduld ist nicht unendlich ...«

In diesem Moment rutschte Russell von der untersten Stufe ab und polterte mit dem Kopf gegen die Geheimtür. Sofort verstummte das Gespräch.

»Herein, wenn's kein Schneider ist!«, tönte Erasmus' muntere Stimme von drinnen. Und auch ohne dass Johnny den Hebel betätigte, glitt die Geheimtür zurück. »Ich habe mich also nicht getäuscht!« Erasmus saß zwischen mehreren komplizierten Apparaten auf dem Tisch und sah die beiden Jungs strah-

lend an. Zu strahlend, für Johnnys Geschmack. Misstrauisch blickte er sich um. Es war kälter als sonst, und auf dem Boden neben dem Tisch hatte sich eine kleine Pfütze gebildet.

»Na, wie geht es meinen kleinen Freunden? Habt ihr eure Lehrer endlich in den Wahnsinn getrieben?«

»Heute ist Samstag.« Johnny räusperte sich. »Wir haben Stimmen gehört ... Mit wem hast du geredet?«

»Ihr habt Stimmen gehört? Das sollte euch zu denken geben.« Der Schädel grinste breit. »Und jetzt her mit meiner Bestellung. Oder seid ihr nur vorbeigekommen, um mich vom Arbeiten abzuhalten?«

»Erst musst du uns sagen, wer eben bei dir war.« So einfach wollte sich Johnny nicht abspeisen lassen. »Es ist meine Burg. Ich muss wissen, wer sich hier aufhält!«

Russell nickte zustimmend.

»So, es ist deine Burg. Dann will ich mal nachdenken. Zuerst waren da drei fette Ratten. Dann kam eine Winkelspinne vorbei, vierzehn Kellerasseln, eine Fauchschabe und zu guter Letzt zwei mäßig begabte Geisterjäger. Zufrieden?«

»Und wer von denen hat auf den Boden gepinkelt?«, fragte Johnny und deutete auf die Pfütze.

»Ahhhh ... hahah ... Da hat der Highlander wohl vergessen, seine Stiefel auszuziehen.«

»Du hast mit dem Highlander geredet?«

»Yep!«

»Ich glaube dir kein Wort!«

Russell stieß Johnny in die Rippen. »Jetzt gib ihm schon das Zinn, bevor er es sich anders überlegt.«

»Ja, komm rüber mit dem Zeug!«, verlangte Erasmus.

Johnny war wütend, aber er sah ein, dass Erasmus sonst nicht reden würde. Also holte er das Zinn aus dem Rucksack und legte es vor dem Schädel auf den Tisch.

»Sehr freundlich!« Erasmus lächelte. »Würdet ihr es wohl für mich auspacken und dort ins Regal legen?«

Russell machte sich gleich an die Arbeit. »Ist es so recht?«

»Sehr recht!«, lobte der Schädel. »Dafür darfst du dir den Oculus aus dem Kästchen nehmen.« Erasmus ließ das kleine hölzerne Kästchen über den Tisch vor Russells Nase gleiten. »Ich leihe ihn dir. Die Betonung liegt auf *leihen*!«

Russell hörte kaum zu. Mit bebenden Fingern öffnete er den Deckel und betrachtete ehrfürchtig den dunklen Stein. Er war an ein Lederband geknüpft und sah eher unscheinbar aus. Gespannt hielt Russell ihn vor sein linkes Auge und sah hindurch.

»Und?«, fragte Johnny gespannt.

Russell schaute und schaute. Vom Boden, zur Decke, in die Ecke. Nichts. »Da ist nichts«, sagte er schließlich enttäuscht. »Lass dir von ihm eine Quittung für das Zinn geben. Ich werde den Stein eine Woche lang testen, und wenn er nicht funktioniert, bekommt der Schädel ihn zurück und soll dir das Geld für deinen Einkauf geben.«

»Was ist das für ein unsinniges Gebrabbel!«, empörte sich Erasmus. »Es sind eben keine Geister hier. Also kannst du auch keine sehen, mit oder ohne Oculus. So einfach ist das. Und jetzt haltet mich nicht länger auf.«

Johnny und Russell wollten gerade wieder durch den Geheimgang verschwinden, als sich Johnny in der Tür noch einmal umdrehte. »Millie ist wieder zurück«, sagte er.

»Freut mich!«, brummte Erasmus, auch wenn es nicht besonders freudig klang.

»Sie ist wieder völlig gesund.«

»Schön.«

»Dafür hätte es uns heute Nachmittag beinahe erwischt«, sagte Russell.

Jetzt sah ihn der Schädel aufmerksam an. »Wie das? Habt ihr eure Rotznasen wieder in Dinge gesteckt, die euch nichts angehen?«

»Wir haben uns bloß auf dem Friedhof umgesehen«, verteidigte sich Johnny. Und dann erzählten sie Erasmus vom Schindanger und dem unterirdischen Gang.

»Ihr könnt von Glück sagen, dass ihr so schnell wieder herausgefunden habt«, schnaubte der Schädel. »Diese Gänge heißen nicht umsonst Alraunenhöhlen oder Zwergenlöcher. Oft sind sie wie Labyrinthe angelegt, um mögliche Verfolger zu verwirren oder in Fallen zu locken. Also passt das nächste Mal auf, wohin ihr tretet, und jetzt lasst mich allein.«

Johnny kannte den Schädel zwar noch nicht allzu lange, aber er wusste, wenn er es ernst meinte. Also murmelten sie einen kurzen Abschiedsgruß und verdrückten sich durch die geheime Tür.

Der einzige Fernseher, der abgesehen von dem in Céciles Zimmer einwandfrei funktionierte, stand im großen Salon. So hieß der prachtvolle Raum mit der hohen Decke und den schneckenförmigen Verzierungen. Der große Salon wurde eigentlich nur bei Länderspielen und zu Weihnachten genutzt. Auf dem Boden lag ein riesiger Orientteppich, der schon ein bisschen zerschlissen war, und im ganzen Raum standen Gruppen von Sofas und Sesseln, die weder zusammenpassten noch sonst irgendwie zusammengehörten.

Aber das Bemerkenswerteste in diesem Raum war der Kamin. Er war so groß wie ein Garagentor und nur zu Weihnachten in Betrieb. Johnny hatte sich hier noch nie besonders wohlgefühlt. Anders als Russell, der sich sofort in einen Sessel vor dem Fernseher warf und jetzt den Burgherren spielte.

»Jonathan!«, sagte er mit näselnder Stimme. »Bring mir einen grünen Wicht ... Und zwar sofort! Ich bin es nicht gewöhnt zu warten!«

»Einen was?« Johnny sah Russell verblüfft an.

Der zog die Augenbrauen hoch und näselte weiter. »Jonathan! Es ist nicht das erste Mal, dass ich mit dem Gedanken

spiele, dich zu entlassen ... Wenn ich grüner Wicht sage, meine ich einen Cocktail aus Waldmeister, Apfelsaft und Bananen-Nektar. Auf Eis und gut geschüttelt.«

Johnny zeigte ihm einen Vogel und ließ sich aufs Sofa fallen. »Cola steht im Kühlschrank!«

Russell, der ziemlich schnell einsah, dass er als Burgherr nicht weiterkam, stapfte in die Küche und kam mit zwei Dosen Cola wieder zurück. Der Rest war Wellness pur. Sie saßen vor dem Fernseher, legten die Füße auf den Tisch, tranken Cola und zappten sich durch sämtliche Programme. Zwischendurch hielt sich Russell immer wieder den Oculus vors Auge und scannte sämtliche Ecken des Salons ab. Umsonst. Nicht die kleinste Blumenfee oder das winzigste Irrlicht ließen sich blicken. Trotzdem wäre es sicher ein netter Abend geworden, hätten sich nicht ganz plötzlich die kleinen Fransen an der Tischdecke bewegt. Johnny setzte sich alarmiert auf und deutete stumm auf den Tisch.

Sofort riss Russell den Oculus vor sein Auge und starrte auf die Fransen. »Da ist nichts«, flüsterte er.

»Schalte den Fernseher aus«, murmelte Johnny, denn aus der Halle kam ein scharrendes Geräusch.

Und dann ging in der ganzen Burg das Licht aus.

18. Kapitel

Geisterlicht

Russell griff erschrocken nach Johnnys Arm und zog seine Hand schnell wieder zurück. »Da ist jemand!«, flüsterte er.

»Hinter den Vorhang!«, wisperte Johnny. »Aber pass auf, dass du nichts umschmeißt.«

Blitzschnell versteckte Johnny sich hinter einem der Samtvorhänge. Dass Russell sich unbedingt hinter demselben Vorhang verstecken musste, war klar, aber nicht mehr zu ändern. Eng aneinandergequetscht standen sie da und lauschten ins Dunkel.

»Der Highlander?«, fragte Russell flüsternd.

Johnny schüttelte den Kopf, und sein Assistent hielt sich den Stein vors Auge. »Hörst du was?«

»Nein«, sagte Johnny leise. Seine Augen hatten sich inzwischen an das spärliche Licht gewöhnt, das von draußen durch die Fenster fiel. Mit angehaltenem Atem warteten sie und lauschten. Schließlich drängte sich Johnny an Russell vorbei. »Wir können hier nicht die ganze Nacht stehen bleiben«, sagte er. »Ich gehe nachsehen.«

»Ich auch!«, flüsterte Russell. Nicht um alles in der Welt wäre er hier allein stehen geblieben.

Auf Zehenspitzen schlichen sie zur halb geöffneten Tür und spähten hinaus in die Halle. Russell hielt sich noch immer den Geisterstein vors Auge und deutete plötzlich mit zitterndem Finger zur Treppe. »Da!«, wisperte er.

Und wirklich. Ein Geisterlicht schwebte über die Galerie und war im nächsten Moment verschwunden.

»Mist, und was machen wir jetzt?«, fragte Russell mit bebender Stimme.

Johnny kaute nervös auf seiner Unterlippe. »Wir müssen uns bewaffnen. In meinem Zimmer liegt der Gargoyle 5000.«

Im selben Moment ging das Licht wieder an. Erleichtert atmeten die Freunde auf.

»Los, rauf in mein Zimmer!«, rief Johnny. »Sicher ist sicher!« Flink wie die Wiesel flitzten sie die Treppe nach oben und

sausten über die Galerie. Dann schepperte es ganz abscheulich, und Johnny konnte gerade noch verhindern, dass er Mrs Adams umstieß.

»Ojeoje!«, rief sie und deutete auf die Petroleumlampe, die in Scherben am Boden lag. »Das ist ein wertvolles Stück. Man sagt, Mary Stuart, die Königin von Schottland, hätte sie einst deinem Ururururururgroßvater geschenkt.«

»Mrs Adams!«, riefen Johnny und Russell im Chor. »Was machen Sie denn hier?«

»Ich habe es zu Hause nicht ausgehalten«, sagte die Köchin. »Ich musste ständig daran denken, wie einsam es hier oben ist. Kinder in eurem Alter sollten nicht ohne Aufsicht sein.«

Johnny und Russell tauschten einen kurzen Blick. »Sind Sie etwa mit dem Rad gekommen?«, fragte Johnny.

»Ach wo. Ich habe mir ein Taxi genommen. Und als ich in der Küche das Licht anschalten wollte, machte es *piff, peng!* Kurzschluss!«

Jetzt musste Johnny grinsen. »Und dann sind Sie mit der Petroleumlampe die Treppe rauf zum Sicherungskasten gegangen.«

»Du hast es erfasst.«

»Und wir haben geglaubt, Sie seien ein Geist«, lachte Russell.

»Ein Geist?« Jetzt musste auch Mrs Adams herzlich lachen. »Dafür bin ich vermutlich noch viel zu lebendig. Und jetzt helft mir schnell, die Scherben aufzusammeln.«

Johnny seufzte. Das war wirklich schrecklich nett von Mrs Adams, aber er wäre viel lieber allein mit Russell auf der Burg geblieben.

»Soll ich Ihre Tasche ins Gästezimmer tragen?«, fragte er höflich.

»Nicht nötig, mein Junge.« Mrs Adams sammelte die Glasscherben ein und stand auf. »Ich schlafe in der Mädchenkammer, neben der Küche. Dann bin ich morgens gleich an Ort und Stelle.«

»Wie Sie wollen«, sagte Johnny, »dann stellen wir Ihnen Ihre Tasche eben in die Kammer.« Und mit diesen Worten ließen sie Mrs Adams stehen und liefen zurück in die Halle.

»Warum?«, fragte Russell genervt. »Warum müssen sich Erwachsene überall aufdrängen? Hätte sie nicht ganz gemütlich in ihrem Bett liegen bleiben und schnarchen können?«

»Sie hat sich eben Sorgen um uns gemacht«, sagte Johnny, während sie in sein Zimmer zurückkehrten.

Am nächsten Morgen wurden die Geisterjäger von lautem Lärm im Hof geweckt. Johnny hatte geschlafen wie ein Stein. Jetzt linste er müde auf die Uhr. Es war bereits nach 10 Uhr, also kein Grund, sich über den Lärm zu beschweren.

Im Zimmer nebenan hörte er Russell rumoren und steckte den Kopf durch die Tür. »Guten Morgen.«

Russell war bereits angezogen.

»Bist du schon lange wach?«

»Ich bin wach, seit Mr Hopps mit seinem Ungetüm von Wagen auf den Hof gerollt kam«, brummte Russell.

»Mr Hopps? Was will der denn hier? Ist heute nicht Sonntag?«

Russell nickte, schnappte sich seine Zahnbürste und schlurfte mürrisch ins Bad.

Johnny warf einen kurzen Blick aus dem Fenster. Da standen tatsächlich Mrs Adams und Mr Hopps und unterhielten sich prächtig.

Er folgte seinem Freund ins Badezimmer, und nachdem sie gewaschen und gekämmt waren, gingen sie nach unten in die Küche.

»Ich bin hungrig wie ein Bär«, gestand Russell. »Ich hoffe, Mrs Adams hat heute Morgen wenigstens Pasteten gebacken. Ein Omelett wäre auch nicht übel.«

»Bestimmt«, grinste Johnny und hüpfte neben seinem Freund die letzten Treppenstufen hinunter. »Irgendeinen Vorteil muss ihre Anwesenheit ja haben.«

Russell hielt seine Nase schnuppernd in die Luft. »Ich rieche noch nichts.«

»Ich auch nicht«, sagte Johnny und stieß erwartungsvoll die Küchentür auf.

»Was soll das?«, fragte Russell und sah sich enttäuscht um. Der Herd war kalt, und außer einem Krug Saft stand nichts auf dem Tisch.

»Guten Morgen, die Herrschaften!« Mrs Adams kam hinter ihnen in die Küche.

»Gibt es heute denn kein Frühstück?«, fragte Russell vorsichtig.

»Natürlich gibt es Frühstück«, antwortete Mrs Adams. »Allerdings müsst ihr ausnahmsweise mit Roggenbrot und Aufschnitt zufrieden sein. Beim Kurzschluss gestern Abend ist irgendetwas an der Elektrik kaputtgegangen. Die Küchengeräte und manche Steckdosen sind ohne Strom. Ich habe Mr Hopps gebeten, sich die Sache mal anzusehen.«

»Tolle Wurst!«, schimpfte Russell, und wie zur Bestätigung gab sein Magen ein lautes Knurren von sich.

Nach dem Frühstück beschloss Russell, seine Mutter anzurufen, und Johnny checkte seine Nachrichten. Seine Mum hatte ihm geschrieben, dass sie einen Tag später nach Hause kommen würden. Ein wichtiger Wissenschaftler würde heute Abend in London erwartet, und der Direktor des Museums hatte sie gebeten, solange dazubleiben.

»Ich habe keinen Empfang«, maulte Russell. »Du etwa?«

»Ja, meine Mutter hat mir geschrieben. Sie kommen erst morgen Abend zurück.« Er sah Russell an, und beide hatten den gleichen Gedanken.

»Super, dann frag ich meine Mutter gleich, ob ich auch noch eine Nacht bleiben darf«, sagte Russell.

»Versuch's mal auf dem Wehrgang. Da ist der Empfang oft besser.«

Russell machte sich auf Richtung Wehrmauer und hatte Glück. Hier war der Empfang einwandfrei. Er telefonierte mit seiner Mutter und kam zwei Minuten später wieder zurück.

»Alles picobello!«, strahlte er. »Ich kann noch eine Nacht hierbleiben.«

»Super. Hoffentlich fliegt die Sache nicht irgendwann auf, und du kriegst Ärger mit deinen Eltern.«

»Ach was. Mein Vater hält sie ganz schön auf Trab. Jetzt sind's die Finger, und meine Mutter hilft ihm beim Rasieren.«

»Er sollte mal zum Arzt«, meinte Johnny.

»War er ja. Der tippt auf Arthrose. Er wird halt nicht jünger.« Russell machte eine Pause. »Wir brauchen Mrs Adams ja nichts davon zu erzählen.«

»Von deinem Vater?«

»Quatsch. Davon, dass deine Eltern erst morgen wiederkommen.«

»Logisch. Ich hatte auch nicht vor, ihr davon zu erzählen«, sagte Johnny.

Die beiden Freunde schlenderten zu ihrem Lieblingsplatz auf den Greifen. Sie schwiegen eine Weile und hingen ihren Gedanken nach.

Johnnys Gedanken wanderten zu Oberinspektor Sinclair, dem berühmten Geisterjäger von Scotland Yard. Der brauchte

bestimmt nicht durch halb verfallene Gänge zu kriechen. John Sinclair hatte genügend Leute oder zumindest ein Dutzend Fotofallen, um einen Friedhof zu observieren.

Und als Johnny darüber nachdachte, kam ihm plötzlich eine Idee: »Ist dir eigentlich aufgefallen, dass alle Personen, bei denen eingebrochen wurde, etwas mit dem Friedhof zu tun haben?«, fragte er plötzlich in die Stille hinein.

»Quatsch. Was haben Mrs Potter oder der Blumenladen denn mit dem Friedhof zu tun? Klar, Mrs Potter ist nicht mehr die Jüngste. Aber dass sie bald auf dem Friedhof landet, kann ich mir nicht vorstellen.«

»So meine ich es nicht. Aber sie geht regelmäßig in die Kirche, und die Gärtnerei kümmert sich um den Blumenschmuck bei den Beerdigungen. Soweit ich weiß, wohnt der Friedhofsgärtner direkt über dem Laden.«

Russell runzelte die Stirn. »Und wie passt das *Hobgoblin* da rein?«

»Denk doch mal nach! Millie wurde vom Friedhof bis nach Hause verfolgt, schon vergessen?«

»Nein, aber wir haben uns doch umgesehen und keine Spuren gefunden«, meinte Russell.

»Erinnerst du dich, wie Barty und Alfie geflitzt sind?«

»Die kleinen Schisser!«, sagte Russell verächtlich.

»Ich bin dafür, dass wir mit Mrs Potter reden«, meinte Johnny und sprang vom Rücken des steinernen Greifs. »Los! Wir

schnappen uns die Räder und fahren nach Blacktooth. Wenn wir uns beeilen, erwischen wir sie vielleicht noch nach der Kirche. Vielleicht hat sie eine Beobachtung gemacht, oder sie hat eine Erklärung dafür, warum bei ihr eingebrochen wurde.«

Russell verzog das Gesicht. »Den ganzen Weg mit dem Rad? Mir steckt das letzte Mal noch in den Knochen.«

»Stell dich nicht so an. Ich packe bloß noch ein paar Sachen ein, und dann geht's los!«

»Bring den Geisterstein mit!«, rief Russell ihm nach und stapfte zum Schuppen, um zwei Räder zu holen.

19. Kapitel

Der fremde Mann

Die Kirchenglocken läuteten, als sie in Blacktooth ankamen, und die Kirchgänger hatten sich bereits in alle Himmelsrichtungen zerstreut. Johnny und Russell lehnten ihre Räder an die Kirchenmauer und schlossen sie aneinander.

»Da ist sie!« Russell deutete auf eine gebeugte Gestalt.

»Woher weißt du das?«

»Jeder in Blacktooth kennt sie. Sie wohnt hinter dem Hotel und hat fünf Katzen.«

Anders als die übrigen Kirchgänger eilte Mrs Potter nicht sofort nach Hause. Sie schlenderte über den Friedhof und inspizierte hier und da die Müllkörbe auf der Suche nach arglos weggeworfenen Pfandflaschen oder stieß kleine Steine an, die sie für Münzen hielt. Die beiden Geisterjäger folgten ihr mit etwas Abstand. Schließlich setzte sich Mrs Potter auf eine Bank und hielt ihr runzliges Gesicht in die Sonne.

Johnny und Russell kamen näher und blieben direkt vor ihr stehen.

»Guten Tag!«, sagten sie höflich.

Mrs Potter öffnete die Augen. »Guten Tag«, sagte sie und sah die beiden erstaunt an.

»Machen Sie das öfter?«, fragte Russell.

»Was meinst du?«, fragte Mrs Potter zurück.

»Na, auf dem Friedhof spazieren gehen.«

»Immer nach der Kirche. Es ist so friedlich hier.«

»Sammeln Sie auch jedes Mal Pfandflaschen?«, wollte Johnny wissen.

Mrs Potter lachte kurz auf. »Nur wenn es etwas zu sammeln gibt. Meistens sind die Körbe leer. Aber ich halte meine Augen immer offen. Im letzten Jahr habe ich dort in der Eibe einen Zwanzig-Pfund-Schein gefunden. Er hatte sich in den Zweigen verfangen und schien nur auf mich zu warten.« Sie sah Johnny neugierig an. »Bist du nicht der junge Sinclair?«

»Ja, Ma'am!«

»Ich kannte deinen Großvater.«

Johnny grinste, weil er nicht wusste, was er darauf antworten sollte.

»Die Sinclairs kommen nicht gerade oft ins Dorf. Was treibt dich hierher?«

»In Blacktooth wurde mehrfach eingebrochen«, antwortete Johnny. »Und wir wollen uns die Sache mal ansehen.«

»Da seid ihr ja genau an die Richtige geraten. Sie haben auch bei mir eingebrochen!«

»Bei Ihnen?« Russell riss erstaunt die Augen auf, und Johnny bewunderte wieder einmal sein schauspielerisches Talent.

»Haben Sie gesehen, wer es war?«

»Natürlich nicht. Es muss gegen drei Uhr morgens gewesen sein. Da bin ich vom Lärm aufgewacht. Sie haben gewütet wie die Vandalen. Ich kann von Glück sagen, dass sie nicht nach oben gekommen sind. Meine Katzen haben sie vertrieben.«

»Ihre Katzen haben die Typen vertrieben?«, fragte Johnny erstaunt.

Mrs Potter lächelte grimmig. »Sie haben gefaucht und gebrummt wie die Löwen. Das war nichts für schwache Nerven, und die Kerle haben Reißaus genommen.«

»Woher wissen Sie, dass es mehrere waren?«

»Ich weiß es nicht. Aber die Kriminalpolizei war derselben Meinung.«

»Hat die Polizei etwas gefunden?«

Mrs Potter zuckte mit den Schultern. »Sie haben ein paar Fotos gemacht, Abdrücke genommen, und dann waren sie auch schon wieder weg.«

»Dürfen wir uns Ihr Haus mal ansehen?«

»Meinetwegen, seht es euch an. Ich bleibe hier noch ein wenig sitzen und genieße die Ruhe.«

Mrs Potters Haus war eine der grauen schottischen Katen, wie man sie in den Highlands häufig findet. Durch den verwilderten Garten streiften zwei Katzen, und eine dritte döste in der Sonne.

»Das wirkt nicht gerade so, als würde sich ein Einbruch hier lohnen«, überlegte Russell. »Dafür sehen die Spuren an der Tür genauso aus wie am *Hobgoblin*.«

»Was stromert ihr denn hier herum?«, fragte da eine unbekannte Stimme, und im nächsten Moment kam ein Mann in einem dunklen Trenchcoat um die Ecke. Er trug einen Hut, und eine Zigarettenkippe hing ihm im linken Mundwinkel.

»Der sieht aus wie ein Geheimagent!«, flüsterte Russell, und für einen winzigen Moment hatte Johnny geglaubt, Oberinspektor John Sinclair stünde vor ihm. Dann sah er die Kamera, die der Mann in der Hand hielt.

»Was ist los? Hat es euch die Sprache verschlagen?«

»Nicht unbedingt, Sir«, sagte Johnny. »Wir sehen uns hier nur ein bisschen um. Mit Mrs Potters Erlaubnis übrigens.«

»Und ... was sagt ihr dazu?«, fragte der Mann und deutete auf die Kratzspuren in der Tür.

»Sieht übel aus. Und was tun Sie hier?«

Der Mann grinste. »Ich sehe mich auch um. Ist mein Job.« Er tippte sich an den Hut. »Mein Name ist Rick Maduso. Ich arbeite für den *Daily Scotsman*. Und finde diese Einbruchsspuren übrigens genauso übel wie du.«

Ohne Vorwarnung hob er seine Kamera und schoss in schneller Folge ein paar Fotos von Johnny und Russell.

»Würden Sie das bitte lassen?«, sagte Johnny.

»Wie du willst.« Der Mann kniff die Augen zusammen. »Du erinnerst mich an jemanden ...«

Johnny und Russell sahen sich unbehaglich an.

»Das passiert mir öfter«, sagte Johnny.

Damit gab sich der Mann zufrieden. Er fuhr prüfend mit der Hand über die Tür. »Um ehrlich zu sein, habe ich so etwas noch nie gesehen. Es sieht aus, als hätte hier eine ganze Armee von Trollen gewütet.«

»Das ist uns auch schon aufgefallen«, platzte Russell heraus, und Johnny warf ihm einen warnenden Blick zu. Er wusste nicht, ob man dem Mann trauen konnte.

»Und was schließen Sie daraus?«, fragte er.

»Dass wir es hier mit jemandem zu tun haben, mit dem wir es in dieser Gegend noch nie zu tun hatten«, antwortete der Mann geheimnisvoll.

»Und dass er besonders wütend gewesen sein muss ...« Das war Johnny so rausgerutscht, und er ärgerte sich über sich selbst.

Der Mann von der Zeitung sah ihn erstaunt an. »Kein schlechter Gedanke«, sagte er. »Die Frage ist bloß, was hat ihn so wütend gemacht?« Und mit diesen Worten tippte er sich an die Hutkrempe und ging davon.

»Wow, eine Schnüffelnase von der Zeitung«, sagte Russell beeindruckt. »Es scheint, als wären wir nicht die Einzigen, denen die Sache seltsam vorkommt.«

»Stimmt«, murmelte Johnny. »Aber er hatte keine Spur. Nicht mal eine Idee hatte er.« Dann zückte er sein Handy und fotografierte die zerkratzte Tür, die eingeschlagene Fensterscheibe, die Katzen im Garten, den Kompost und alles, was es sonst noch zu sehen gab. Anschließend machten sie sich auf den Weg zu Millie.

Klick. Russell warf einen Kieselstein gegen Millies Fenster. Und dann noch einen. *Klack*. Als Millie auch nach dem dritten Stein nicht reagierte, schlichen sie um das Gasthaus herum und linsten durch die Scheiben. Und wirklich, in der Schankstube saß Millie und verputzte mit großem Appetit einen Teller Spaghetti mit Tomatensoße. Als sie Johnny und Russell am Fenster entdeckte, gab sie ihnen ein Zeichen hereinzukommen. Wenig später saßen sie bei Millie am Tisch.

»Schmeckt es?«, fragte Russell und schielte sehnsüchtig auf

Millies Teller. Die nickte und wickelte geschickt die Nudeln auf die Gabel. »Wollt ihr auch etwas essen? Spaghetti Bolognese ist das Tagesgericht.«

Johnny und Russell nickten eifrig, und Millie winkte dem mürrischen Mann hinter dem Tresen zu. »Zweimal Spaghetti aufs Haus, Gerrit!«

»Zweimal Spaghetti!«, brüllte der Mann in die Küche. Fünf Minuten später brachte Millies Mutter zwei Teller und servierte sie sogar mit einem Lächeln. »Ihr seid also die beiden Jungs, die sich so nett um Millie gekümmert haben. Das tut nicht jeder! Lasst es euch schmecken!«, sagte sie und verschwand in der Küche.

Das ließen sich die beiden Geisterjäger nicht zweimal sagen. Hungrig machten sie sich über ihre Teller her. Spaghetti Bolognese kam ihnen nach den trockenen Broten auf der Burg gerade recht.

Gleich nach dem Essen gingen sie raus in den Garten. Millie setzte sich auf die alte Schaukel im Apfelbaum, und Johnny und Russell hockten sich auf die Gartenbank gegenüber.

»Gut, dass ihr kommt«, sagte Millie. »Ich hatte heute keine wirklich angenehme Nacht.«

Gespannt sahen die Jungs sie an.

»Sie waren wieder da.«

»So kurz, nachdem du zurück bist?«

Millie nickte.

»Hast du sie gesehen?«

»Nein, ich hatte die Fenster geschlossen, aber ich habe gehört, wie etwas mit langen Nägeln über die Scheibe gekratzt hat.«

»Boah, ist das eklig!«, rief Russell und schüttelte sich.

»Es ist immer dasselbe. Sobald es dunkel wird, sind sie da. Habt ihr die Rillen im Türrahmen gesehen?«

»Haben wir«, bestätigte Johnny. »Und weißt du, was seltsam ist? Die gleichen Spuren finden sich auch an Mrs Potters Tür. Und in der Gärtnerei wurde auch eingebrochen.«

Millie legte ihre Stirn in nachdenkliche Falten. »Und ich dachte, sie hätten es nur auf mich abgesehen.«

»Könnten es nicht doch ein paar Verrückte sein?«, fragte Russell.

»Du meinst Menschen?« Millie schüttelte den Kopf. »Ich habe doch schon gesagt: Ich weiß nicht, was es ist! Aber Menschen sind es auf keinen Fall. Ich habe sie gesehen, als mich einer von ihnen verfolgt hat.«

»Hast du zufällig ein Foto gemacht?«, fragte Russell.

»Nein!«, sagte Millie empört. »Du hättest auch kein Foto gemacht, wenn so ein Ding hinter dir her gewesen wäre.«

»Vielleicht war es ein Hund?«

Jetzt hatte Millie endgültig genug. »Nein! Es war kein Hund. Es war etwas mit funkelnden Augen, einem stinkenden Pelz und langen ekelhaften Klauen!« Sie strich sich fröstelnd über

die Arme, und unter ihrem Ärmel kamen rote Kratzer zum Vorschein.

»Was ist das?«, fragte Johnny, dem die Verletzungen nicht entgangen waren.

Millie schob die Ärmel schnell wieder runter. »Nichts«, murmelte sie.

Doch damit ließ Johnny sie nicht durchkommen. »Jetzt zeig schon!«, forderte er sie auf. »Wir haben versprochen, uns um die Sache zu kümmern, aber du musst mit offenen Karten spielen.« Er griff nach Millies Arm und schob den Ärmel ihres Hoodies nach oben. Dunkelrote, entzündete Schrammen kamen zum Vorschein. »Kommt das von dem, was immer es ist?«

»Du stellst Fragen«, brummte Russell. »Das sieht doch ein Blinder. Es sind die gleichen Kratzer wie an der Tür.«

»Dann ist es dir also nicht nur gefolgt, sondern es hat dich auch angegriffen!«, stellte Johnny wütend fest. »Warum verschweigst du uns das?«

Millie schüttelte den Kopf. »Weil ich mich nicht mehr daran erinnere!«, rief sie. »Weißt du, was für ein bekloptes Gefühl es ist, aufzuwachen und nicht zu wissen, was eigentlich passiert ist?«

Nervös fuhr sich Johnny durch die Haare. »Okay. An was erinnerst du dich?«

»An nichts«, sagte Millie. »Als ich am Morgen aufwachte, waren die Kratzer da und haben gebrannt wie die Hölle.«

»Waren die Kratzer nur an den Armen?«

»Nein, auch im Nacken«, sagte Millie und hob die Haare an, damit Johnny sie sehen konnte.

»Puh!«, sagte der. »Und kurz darauf bist du krank geworden, oder?«

Millie nickte. »Mir ging es schon am nächsten Abend ziemlich schlecht.«

Johnny lief wie ein Tiger vor der Schaukel auf und ab. »Wie kann es sein, dass du vom Angriff nichts bemerkt hast?«

»Ich sag doch: Ich weiß es nicht!«

»Dann müssen wir es herausfinden.«

Russell sah nachdenklich von einem zum anderen. »Es muss einen Grund geben, weswegen diese Typen Millie immer wieder heimsuchen.« Er sah seine Schulkameradin an. »Hattest du vielleicht Zoff mit ihnen? Oder hast du sie irgendwie anders wütend gemacht?«

»Natürlich nicht«, gab Millie beleidigt zurück. »Ich kenne sie nicht. Das kannst du mir glauben.«

»Mach dir keine Sorgen. Wir sind jetzt ja da und weichen nicht mehr von deiner Seite«, versprach Johnny.

Russell sah ihn erstaunt an.

»Zuerst sehen wir uns den seltsamen Gang noch mal an, den wir entdeckt haben. Wo ein Gang ist, könnten auch noch andere Gänge sein. Theoretisch zumindest. Aber vorher sollten wir uns bewaffnen.«

»Du meinst, unter dem Friedhof befindet sich ein ganzes Labyrinth aus Gängen?« Russell sah Johnny mit großen Augen an.

Der Geisterjäger zuckte mit den Schultern. »Ich sagte *könnte*! Wissen werden wir es erst, wenn wir nachgesehen haben.«

»Okay, worauf warten wir noch? Lasst uns nachsehen! Ich will schließlich wissen, wer in meiner Nachbarschaft wohnt. Wartet ... ich hole bloß meine Jacke!« Millie sprang von der Schaukel.

»Du bleibst hier ...«, sagte Johnny bestimmt.

Doch Millie schnitt ihm sofort das Wort ab. »Warum? Ich habe euch schließlich den Auftrag gegeben! Und wenn ihr glaubt, ich setze mich seelenruhig in meinen Sessel und warte, bis ihr zurückkommt, habt ihr euch geschnitten. Wir gehen alle oder keiner!«

»Von mir aus kannst du mitkommen«, brummte Russell.

Johnny sah Millie kurz an, dann nickte er. »Meinetwegen, es ist deine Entscheidung!«

20. Kapitel

Zwergenlöcher

Um keine Zeit zu verlieren und nicht noch einmal auf die Burg fahren zu müssen, suchten die Geisterjäger im *Hobgoblin* nach geeigneten Waffen, mit denen sie sich bei ihrer Geisterjagd schützen konnten.

»Wir brauchen Salz, Lavendelblüten und Baldrianteebeutel«, sagte Johnny bestimmt. »Und Millie, hat dein Bruder zufällig einen Gargoyle 5000?«

»Meinst du diese Wasserpistole mit dem großen Tank?«

Johnny nickte.

»Nö, aber etwas Ähnliches«, sagte Millie und lief los.

»Füll den Tank am besten gleich mit Salzwasser. Aber eine kräftige Mischung!«, rief Johnny ihr nach.

Die Wasserpistole von Millies Bruder war zwar wesentlich kleiner als ein Gargoyle 5000, aber immer noch besser als nichts.

Millie zog spöttisch die Augenbrauen hoch, als sie auf den Salzstreuer, die nassen Teebeutel und das Häufchen getrocknete Lavendelblüten blickte, die sie in Johnnys Auftrag zusammengetragen hatte.

»Sehr gut!«, lobte der Geisterjäger. »Und jetzt stopfen wir uns damit die Taschen voll!«

»Vollstopfen? Ich bin froh, wenn du mir eine Lavendelblüte übrig lässt«, murrte Russell.

Millie legte eine dünne Eisenkette auf den Tisch. »Damit können wir einen Schutzkreis um uns legen, wenn es brenzlig wird«, sagte sie. »Geister hassen Eisen.«

»Und du meinst, da passen wir alle rein?«, fragte Russell skeptisch.

Johnny packte alles in seinen Rucksack, und Millie drückte ihm eine dicke Rolle Garn in die Hand. »Hier, nimm die auch noch mit.«

Russell war noch nicht überzeugt. »Ist das euer Ernst?«, fragte er. »Wir sollen uns diesen Wesen mit ein bisschen Tee,

einer Kette und Nähgarn in den Weg stellen? Mir wären ein paar Silberkugeln oder Schwerter lieber.«

»Ich habe nicht vor, mich in einen Nahkampf verwickeln zu lassen«, sagte Johnny. »Wir wissen ja nicht einmal, ob wir auf der richtigen Spur sind. Habt ihr eure Taschenlampen?«

»Ich habe mein Handy«, sagte Millie.

»Gut, dann lasst uns den mysteriösen Gang noch einmal unter die Lupe nehmen. Es ist helllichter Tag, uns kann also nicht allzu viel passieren. Geisterwesen werden stärker, je weiter es auf Mitternacht zugeht.«

»Sagt das der Schädel, den ich im Krankenhaus kennengelernt habe?«, fragte Millie.

»Ja!« Johnny nickte.

»Du hättest ihn mitbringen sollen«, meinte Millie.

»Wünsch dir das bloß nicht!« Russell verdrehte die Augen. »Er ist ein echter Klugscheißer, besserwisserisch, rechthaberisch ... der totale Angeber.«

»Er macht eben, was er will«, fügte Johnny hinzu. »Und im Moment will er auf der Burg bleiben. So, seid ihr bereit? Dann kommt!«

Die Geisterjäger verloren keine Zeit. Sie steuerten direkt auf die bröselige Mauer des Schindangers zu und standen kurz darauf ratlos vor dem Loch, durch das sie am Tag zuvor eingebrochen waren. Der Gang darunter war komplett verschüttet.

Dafür hörten sie schon wieder das verräterische Klicken einer

Kamera und entdeckten Barty und Alfie, die sie durch eine Lücke in der Mauer fotografierten.

»Lasst das, ihr Vollidioten!«, rief Johnny.

»Ja, hört auf damit. Ihr wisst schon, dass ihr in den Knast wandern könnt, wenn ihr Menschen gegen ihren Willen fotografiert, oder?!«, rief nun auch Russell.

Barty und Alfie machten Affengeräusche und hüpften eine Weile vor der Mauer auf und ab. Dann wurde ihnen die Sache zu langweilig, und sie verkrümelten sich.

»Glaubt ihr, sie beobachten uns?«, fragte Russell nervös.

»Keine Ahnung«, sagte Johnny. »Am besten, wir hauen ab und sehen uns noch mal hinter dem Mausoleum um. Schließlich hat uns der Gang dort ans Tageslicht geführt.«

»Geht schon mal vor«, flüsterte Millie. »Ich folge den beiden und sehe nach, wohin sie gehen.«

»Okay, wir warten hinter dem Mausoleum auf dich.«

Millie kannte den Friedhof wie ihre Westentasche. Leise wie ein Schatten verfolgte sie die beiden und war erstaunt, als sie sie im Gespräch mit einem Mann im Trenchcoat sah. Sie wusste zwar nicht, was da gesprochen wurde, aber offensichtlich hatten Barty und Alfie nicht vor, ihnen weiter zu folgen.

Schnell lief Millie auf verschlungenen Pfaden zum Mausoleum der Hamiltons und traf dort auf Russell und Johnny.

»Alles in Ordnung«, schnaufte sie. »Sie haben jemanden getroffen. Ich glaube, dass sie uns in Ruhe lassen!«

»Super, dann ab in die Unterwelt!«, sagte Johnny und grinste. »Wir haben gestern nämlich nicht nur den Schindanger, sondern auch diesen Eingang hier entdeckt.«

Er deutete auf die bemooste Tür, die schief in ihren Angeln hing und deren steile Stufen hinunter ins Dunkel führten.

»Passt auf, dass ihr nicht ausrutscht«, sagte Johnny, und dann zwängten sie sich, einer nach dem anderen, durch den Türspalt und stiegen im Lichtkegel ihrer Taschenlampen die Stufen hinab.

»Von da sind wir gestern gekommen«, stellte Russell fest und leuchtete in den Gang zu ihrer Linken.

»Dann gehen wir heute hier entlang!«, entschied Johnny, und die anderen folgten ihm, ohne zu murren.

Während sie eben noch aufrecht gehen konnten, mussten sie jetzt die Köpfe einziehen. Die Luft war stickig, und von der Decke rieselten winzige Erdklumpen. Besorgt sah sich Russell in dem engen Tunnel um. Jemand hatte kleine Nischen in die Wände gehauen. Und bleiche Wurzeln, die sich tief in den Boden gegraben hatten, suchten hier vergeblich nach Nahrung.

Da blieb Johnny plötzlich stehen. »Nach rechts oder nach links?«, fragte er.

»Da entlang!«, sagte Russell. »Der Weg ist mir irgendwie sympathischer.«

»Wartet mal!«, rief Millie, als sich die beiden Geisterjäger in Bewegung setzten. »Wir sollten ab jetzt den Weg markieren,

damit wir uns nicht verlaufen. Gib mir mal die Garnrolle aus deinem Rucksack.«

Johnny nickte. »Gute Idee«, lobte er.

»Man nennt sie auch ›the brain‹«, stichelte Russell.

Mit flinken Fingern befestigte Millie das Garn an einer der Wurzeln. »Fertig!«, sagte sie und ließ die Garnrolle bei jedem Schritt durch ihre Finger schnurren.

Da folgte auch schon die nächste Abzweigung. Diesmal mussten sie sich sogar zwischen drei Tunneln entscheiden. Und spätestens jetzt erwies sich Millies Garn als großartige Idee.

»Der Gang scheint hier wieder breiter zu werden«, meldete Johnny nach hinten und ging zügig voran. Dann blieb er wie angewurzelt stehen. »Ups!«

»Was ist?«, fragte Russell.

»Wir kommen da nicht weiter!«

Die anderen reckten die Hälse. »Warum nicht?«

Johnny trat einen Schritt zur Seite. Ein Sarg war durch die Decke gebrochen und versperrte ihnen aufrecht stehend den Gang. Der Sargdeckel hatte sich dabei verschoben und gab den Blick auf das Skelett einer Frau frei. Sie grinste ihnen unter einer mittelalterlichen Haube höhnisch entgegen.

Johnny lief eine Gänsehaut über den Rücken, und auch Millie und Russell schluckten.

»Okay, lasst uns lieber einen anderen Gang probieren«, schlug Johnny vor.

Russell hielt sich den Oculus vors Auge, und was er da sah, verschlug ihm beinahe die Sprache. »D…d…da!« Zitternd deutete er auf den Sarg.

»Was ist da?« Johnny konnte nichts Ungewöhnliches entdecken.

»Sie ist nicht allein«, flüsterte Russell.

»Was? Gib mal her!« Russell reichte Johnny den Stein. »Wow!«, murmelte der. Neben dem Sarg stand der Geist einer Frau. Sie war in ein edles Gewand gekleidet und trug dieselbe Haube wie die Frau im Sarg. Die Gestalt gab keinen Laut von sich und rührte sich auch nicht von der Stelle. Aber ihr Blick war starr und durchdringend.

»Okay.« Johnny drehte sich um und schob die anderen vor sich her. »Besser, wir gehen!«, sagte er. »Und zwar schnell!«

Eilig liefen sie den Tunnel bis zur Abzweigung zurück und blieben schnaufend stehen. »Warum konnte ich sie nicht sehen?«, fragte Johnny und fuhr sich nervös durch die Haare. »Ich brauchte dafür genau wie du den Stein.«

Russell zuckte mit den Schultern. »Das musst du den Schädel fragen.«

»Was ist das für ein Stein?«, fragte Millie, während sie das Garn wieder aufwickelte.

»Ein Oculus«, antwortete Russell. »Man kann damit Geister sehen. Bis eben hat es allerdings noch nie geklappt. Ich dachte schon, er funktioniert nicht.«

»Darf ich auch mal?« Millie streckte ihre Hand nach dem Oculus aus.

»Krass!«, flüsterte Russell. Blitzartig zog Millie ihre Hand zurück. Russell leuchtete ihr ins Gesicht, und auch Johnny starrte seine Schulkameradin ungläubig an.

»Ähm ...« Er wusste nicht, was er sagen sollte. Millies Haut schimmerte im Schein der Taschenlampe, als hätte eine Fee Goldstaub darübergepustet. »Du glitzerst ja«, sagte er dann.

»Ich weiß!«, gab Millie schroff zurück.

»Ist das Schminke?«, fragte Russell. Millie schüttelte den Kopf. »Was denn dann?«

»Keine Ahnung. Ich habe es auch erst gestern Abend bemerkt. Es lässt sich nicht abwaschen.«

Johnny runzelte die Stirn. Für ihn stand fest, dass Millies Glitzern etwas mit ihrer mysteriösen Krankheit zu tun hatte.

»Darf ich mal anfassen?«, fragte Russell.

Millie verdrehte die Augen und nickte.

Vorsichtig ließ Russell seine Finger über ihr Gesicht gleiten. »Fühlt sich ganz normal an«, stellte er fest.

»Zufrieden?«, fragte Millie genervt. »Oder möchte noch jemand anfassen?«

Johnny hätte zwar auch gerne mal gefühlt, aber so zickig, wie Millies Frage klang, traute er sich jetzt nicht mehr. »Hat das Glitzern irgendwelche Vorteile?«, fragte er stattdessen. »Kannst du besser gucken als vorher oder so?«

»Kannst du dich vielleicht unsichtbar machen oder dich in eine fliegende Fackel verwandeln?«, wollte Russell wissen.

»Nein«, sagte Millie genervt.

»Hast du es schon versucht?«

»Nein.«

Die Gruppe setzte sich wieder in Bewegung. Diesmal ging Millie voran. Das Garn surrte durch ihre Finger.

»Der Untergrund wird felsig«, stellte Johnny fest.

»Und es geht bergan«, sagte Russell. »Vielleicht führt der Tunnel bald ans Tageslicht.«

Da hob Millie die Hand und blieb stehen. »Habt ihr das gehört?«

Johnny schüttelte den Kopf. »Was meinst du?«

»Da war ein Klopfen«, sagte Millie und horchte in die Dunkelheit.

Auch Johnny und Russell lauschten, aber sie konnten kein Klopfen ausmachen. Im Gegenteil. Der Tunnel schien jedes Geräusch zu verschlucken.

»Ich will die Sache endlich hinter mich bringen«, drängelte Russell. »Lasst uns weitergehen.«

Millie leuchtete mit der Taschenlampe ihres Handys in die Dunkelheit und ging tapfer voran. »Iiih!«, rief sie plötzlich und ließ den Lichtstrahl über einen schmutzigen, braunen Knochen gleiten.

»Ist das ein Schienbein?«, fragte Russell erschrocken.

»Sieht so aus«, sagte Johnny und stieg vorsichtig darüber.

»Ich möchte wissen, wie das hierhergekommen ist«, überlegte Millie.

»Ich nicht«, sagte Russell, und die Geisterjäger setzten ihren Weg fort.

»Riecht ihr das?«, fragte Johnny nach einer Weile. Alle drei blieben stehen und schnupperten.

»Riecht irgendwie nach Melone«, sagte Russell.

»Ich finde, es riecht faulig«, fand Johnny.

Millie schnupperte. »Das ist keine Melone«, sagte sie. »Es riecht wie die Frucht, die mir meine Mutter gegeben hat. Ich weiß nicht, wie sie heißt, aber sie hat genauso gerochen.«

»So faulig?«

»Nein, sie war frisch.«

Johnny runzelte die Stirn.

»Hat sie geschmeckt?«, wollte Russell wissen.

»Ja, sie war lecker. Ziemlich süß. Und die Schale hat geglänzt wie Perlmutt. Du weißt schon, wie das Innere einer Muschel.«

Johnny zog sein Handy aus der Tasche und hielt es Millie unter die Nase. »War es diese Frucht?«, fragte er und zeigte ihr eine Aufnahme von Mrs Potters Kompost.

Millie warf einen Blick darauf und nickte. »Ja, das ist sie.«

»Du hast Mrs Potters Kompost fotografiert?«, staunte Russell. »Warum tust du so was?«

»Weil ich alles fotografiert habe, was mir verdächtig vorkam.« Johnny wandte sich an Millie. »Sicher, dass deine Mutter dir die Frucht gegeben hat?«

»Ja, sie kauft immer so exotisches Zeug.«

Johnny und Russell tauschten einen kurzen Blick.

Da hörten sie plötzlich ein Geräusch. Es klang, als würde jemand einen Stock zerbrechen.

»Da ist jemand!«, flüsterte Russell.

»Nichts wie weg!«, zischelte Johnny. Und Hals über Kopf stürzten sich die Geisterjäger in den nächstbesten Tunnel. So schnell es die Dunkelheit und der unebene Boden zuließen, liefen sie voran. Johnny sah sich immer wieder um, und das Garn sauste nur so durch Millies Finger. Irgendwann blieb sie keuchend stehen.

»Sorry, ich bin noch nicht ganz fit. Und so ein Sprint in stickiger Luft ...« Sie beugte sich nach vorn, um wieder zu Atem zu kommen.

Johnny sah sie besorgt an. »Du hast recht. Lasst uns umdrehen.«

Russell wirkte nervös. »Habt ihr euch gemerkt, wie oft wir abgebogen sind?«

Millie verdrehte die Augen und hielt ihm die Garnrolle unter die Nase. »Trick 17, schon vergessen?«

Russell lächelte. »Dann geh mal voran.«

Sie machten kehrt, und Millie wickelte das Garn wieder auf. Sie bogen nach links ab und nach rechts, gingen geradeaus und um die Ecke, doch dann blieb Millie plötzlich stehen.

»Was ist?«, fragte Johnny.

»Ich weiß nicht. Auf dem Band ist auf einmal kein Zug mehr.«

Sie verfolgten den Faden bis um die nächste Ecke.

Und schrien erschrocken auf.

Vor ihnen stand das hässlichste Geschöpf, das sie jemals gesehen hatten. Es grinste und entblößte dabei eine Reihe spitzer, gelber Zähne. Aber was noch viel schlimmer war: Es hielt das andere Ende des Fadens in der Hand.

21. Kapitel

Dicke Luft in der Gruft

Johnny schluckte. Die gedrungene Gestalt, die ihnen dort gegenüberstand, hatte Fingernägel wie Adlerklauen und war in eine übel riechende braune Kutte gekleidet. Lange, graue Haare lugten unter einer braunen Kappe hervor. Johnny ahnte sofort, mit wem er es zu tun hatte.

»Ist … ist das etwa eine Rotkappe?«, zischelte Russell entsetzt.

Allein das Wort reichte aus, um Johnny einen kalten Schauer

über den Rücken zu jagen. Jedes Kind auf den Britischen Inseln wusste, was Rotkappen waren: eine besonders fiese und blutrünstige Art von Goblins. Ihre Kappen waren nur deshalb so leuchtend rot, weil sie sie Woche für Woche in Blut tränkten.

»Quatsch!«, antwortete Millie leise. »Seine Kappe ist braun!«

»Das Salz und die Teebeutel – schnell!«, flüsterte Johnny und zog ganz vorsichtig die Wasserpistole von Millies Bruder aus dem Hosenbund. »Auf drei!«, knurrte er. »Eins ... zwei ... drei!«

Fast gleichzeitig schleuderten Russell und Millie dem Goblin das Salz und die Teebeutel ins Gesicht, während Johnny ihn von oben bis unten mit Salzwasser nass spritzte. Er rechnete eigentlich damit, dass sich der Goblin wie alle anderen Geister auch nach dem Kontakt mit dem Salz auflösen würde. Doch der Kobold dachte gar nicht daran. Stattdessen brach er in ein unschönes, sehr wütendes Knurren aus, und Johnny wusste, dass sie einen großen Fehler gemacht hatten.

»Lauft!«, schrie er und wirbelte herum.

Im selben Moment ertönte aus den Gängen ein Geschrei, das wie das Zirpen von einem ganzen Schwarm Heuschrecken klang. An Flucht war jetzt nicht mehr zu denken. Die kleinen stinkenden Goblins waren überall, und sie waren bewaffnet mit Spießen und langen Stangen. Wütend trieben sie die drei Geisterjäger vor sich her und drängten sie in eine Höhle, in der ein winziges Feuer loderte.

Johnny sah sich um. Nicht nur, dass es hier ungeheuerlich stank, überall lagen Knochen herum. Schwärme von Fliegen schwirrten umher, und fette Maden stritten sich mit ein paar Goblins um die Reste eines Tieres, das die Goblins erlegt und in ihre unterirdische Höhle geschleppt hatten. Johnny lief es kalt den Rücken runter.

Die Kobolde bugsierten ihre Gefangenen in eine Kammer am Ende der Höhle und gaben ihnen einen kräftigen Stoß. Johnny und Russell fielen auf den felsigen Boden.

»Da!« Millie zeigte schockiert in eine Ecke, in der drei mutierte Geißelspinnen lauerten. Ihre Beine maßen gut einen halben Meter, und sie kamen tastend auf sie zu.

Die beiden Geisterjäger sprangen blitzschnell auf die Beine und wichen immer weiter zurück. Johnny wusste nicht, wohin er zuerst gucken sollte: auf die fetten langbeinigen Spinnen, die ganz plötzlich das Weite suchten, oder auf die Goblins, die auf einmal in die Kammer drängten.

Plötzlich wurde er von kräftigen Armen gepackt und in einem hohen Bogen durch die Luft geschleudert. Die Goblins kreischten und lärmten vor Vergnügen. Ein schwerer Stein wurde vor den Ausgang der Höhle gerollt, und die Dunkelheit legte sich wie ein schwarzes Tuch über seine Augen.

Johnny brauchte eine Weile, um zu begreifen, was passiert war. Etwas hielt ihn über dem Boden fest, und er konnte sich kaum bewegen. Zentimeter für Zentimeter löste er seinen Kopf

von dem klebrigen Etwas. Was zum Teufel war das? Es fühlte sich an, als würde er ...

»Geht es euch gut?«, flüsterte er ins Dunkel.

»Nein!«, sagte Millie. Und Russell brachte nur ein seltsames Knurren über die Lippen.

Johnny atmete auf. Ihre Stimmen klangen ganz nah.

»Wir müssen hier raus!«, sagte er.

»Ach wirklich?«, fragte Millie gereizt.

»Was ist das?«, nuschelte Russell. »Ich klebe fest wie eine Fliege im Netz.«

Die anderen gaben keine Antwort.

»Ihr glaubt doch nicht etwa, dass wir wirklich in einem riesigen Spinnennetz hängen, oder?«, fragte Russell. »Hey, redet mit mir!«

Johnny versuchte sich zu bewegen. »Keine Ahnung, aber es fühlt sich irgendwie so an.«

»Ooooh! Was ist, wenn die Spinnen noch in der Nähe sind?« Russell schnappte nach Luft.

»Quatsch!«, sagte Johnny.

»Woher willst du das wissen? Es ist stockdunkel!«

Millie versuchte sich loszustrampeln.

»Hör auf dich zu bewegen«, schnauzte Russell. »Damit lockst du sie bloß an.«

Die Dunkelheit war leider nicht ihr einziges Problem. Sobald Johnny seine Hand vom Netz gelöst hatte, blieb sie an

einer anderen Stelle wieder kleben. »Russell, versuch an das Taschenmesser in meiner Hosentasche zu kommen! Ich glaube, du klebst direkt neben mir«, sagte er nach einer Weile.

»Sonst noch Wünsche?«, nuschelte Russell. Doch dann hörte Johnny ein leises Reißen und fühlte, wie Russells Finger nach dem Messer tasteten. »Ich hab's!«, schnaufte er.

»Sehr gut!«, sagte Johnny. »Halt es fest. Ich versuche es zu öffnen.« Doch das war leichter gesagt als getan. Immer wieder rutschten seine Finger ab. Aber schließlich sprang die Klinge doch heraus, und Russell schaffte es mit winzigen Schnitten, das Netz um Johnnys Hand zu zerschneiden. »Du bist genial«, lobte der junge Schotte seinen Assistenten und nahm Russell das Messer aus der Hand. »Den Rest erledige ich.«

Verbissen zerschnitt Johnny einen klebrigen Faden nach dem anderen, dann war es geschafft. Er kämpfte sich los und plumpste zu Boden. »Ich bin frei!«, keuchte er. »Es ist nicht hoch. Wenn ich bloß irgendetwas sehen könnte!« Johnny tastete nach seiner Taschenlampe und schaltete sie an. »Ups!«

Millie hing kopfüber in dem bleichen Gespinst, und Russell klebte bäuchlings darin fest.

»Du siehst fast aus wie Spider-Man«, meinte Johnny und versuchte, Russell aus dem Netz zu befreien. »Man könnte echt glauben, du würdest daran hochklettern.«

»Beeil dich!«, zischte Millie mit hochrotem Kopf. »Hier ist es nämlich nicht besonders bequem!«

Johnny tat sein Bestes. Der Schweiß stand ihm auf der Stirn, aber schließlich hatte er es geschafft. Johnny und seine Freunde waren wieder frei. Erschöpft und schnaufend saßen sie auf dem Boden.

»Meint ihr, wir sind in ihrer Speisekammer?« Russell ließ seinen Lichtstrahl über die herumliegenden Knochen gleiten.

»Achtung, sie kommen zurück!«, rief Millie.

Und schon wurde der Stein, der die Tür verschloss, zur Seite gerollt. Glühende Goblinaugen blickten zu ihnen in die Kammer. Johnny presste sich fest auf den Boden und wagte nicht zu atmen. Der Goblin schnüffelte, zirpte und schloss die Tür wieder.

»Alter Falter, das ist gerade noch mal gut gegangen«, japste Russell.

»Wir müssen hier so schnell wie möglich raus!«, sagte Johnny und ließ den Strahl seiner Taschenlampe über die Wände huschen. Irgendwo hier musste doch ein Ausweg sein! Die Kammer war eine natürliche Höhlung im Fels. Es konnte durchaus mehr als den einen Zugang geben. »Seht mal da!« Johnny deutete mit der Taschenlampe auf eine Wand aus Geröll. »Sieht aus, als hätte es hier irgendwann einen Erdrutsch gegeben. Mit etwas Glück geht es dahinter weiter.«

»Meinst du wirklich?« Russell war skeptisch. »Du glaubst doch nicht im Ernst, dass wir diese Felsen zur Seite schieben können, oder?«

Millie stemmte sich probehalber dagegen. »Vergiss es!«, sagte sie.

»Du kannst die Mauer nicht einreißen. Aber vielleicht sind ein paar Steine locker, die wir herausziehen können.« Johnny klopfte die Wand ab, doch außer dass ihm Sand in die Augen rieselte, passierte nichts.

»Was meint ihr, was sie mit uns vorhaben?«, fragte Russell besorgt.

»Keine Ahnung«, sagte Johnny. »Aber ich habe keine Lust, es herauszufinden.«

»Ich habe übrigens gesehen, dass auch ein paar Rotkappen unter ihnen waren«, meinte Millie.

»Rotkappen!«, krächzte Russell.

»Seid still!«, zischte Johnny. »Es bringt nichts, wenn wir uns in Panik reden. Wir müssen nachdenken.« Er sah sich um und griff nach einem schmalen gebogenen Knochen, der unweit von ihnen am Boden lag.

»Ist das eine Rippe?« Russell starrte auf das Ding in Johnnys Hand.

»Keine Ahnung«, murmelte der und fing an, den Dreck zwischen den Steinen an der Wand herauszukratzen. Millie und Russell sahen ihm gespannt dabei zu.

»Es funktioniert!«

Und wirklich. Ein Fels, so groß wie ein Handball, schien sich zu lockern. »Fasst mal mit an!«

Russell und Millie waren sofort neben ihm, und gemeinsam schafften sie es, den Stein aus der Mauer zu ziehen. Russell leuchtete durch das Loch. »Nicht übel, sprach der Dübel ... Dahinter ist wirklich ein Gang.«

Johnny strahlte. »Worauf warten wir? Lasst uns den nächsten Stein rausziehen!«

»Ähm. Wir sollten nicht unbedingt in der Mitte anfangen«, meinte Millie.

Johnny rieb sich verlegen das Kinn. »Du hast recht. Fangen wir oben an. Russell, knie dich mal hin, damit ich mich auf dich draufstellen kann.«

»Spinnst du?«

»Jetzt mach schon! Ich komme da sonst nicht an.«

Grummelnd ging Russell auf alle viere und machte sich so klein wie ein Paket. Johnny stieg vorsichtig auf seinen Rücken und fing an, den Dreck aus den Fugen zu kratzen.

»Boah, du solltest echt nicht so viel Porridge essen! Wie viel wiegst du?!«, schnaufte Russell.

Johnny antwortete nicht. Verbissen entfernte er den Sand aus den Fugen der Steine und benutzte die Rippe anschließend als Hebel. Es klappte wunderbar. Viel leichter als erwartet ließen sich die Steine lösen. Johnny gab einen nach dem anderen an Millie weiter, und bald war die Öffnung so groß, dass sie hindurchpassten.

Russell richtete sich auf und rieb sich den Rücken.

»Also ich schaffe es nicht da hoch«, sagte er mit einem kritischen Blick auf das Loch über ihm.

»Achtung! Es kommt jemand!«, zischte Millie.

»Beeilt euch!« Johnny stellte sich mit dem Rücken zur Wand und faltete die Hände ineinander, sodass ein Steigbügel entstand. »Ladies first!«

Millie ließ sich nicht lange bitten. Sie trat in Johnnys Hände und verschwand durch das Loch in der Wand. »Jetzt du!«, sagte Johnny und nickte seinem Freund zu.

»Ich komme in der Schule ja nicht einmal die Sprossenwand hoch.«

Die Stimmen vor der Tür klangen, als würde sich ein riesiger Schwarm Heuschrecken davor sammeln.

»Na los!«, drängte Johnny. Russell hielt sich umständlich an Johnnys Schultern fest und stieg in seine Hand. Es ging nicht so schnell wie bei Millie, aber er schaffte es dennoch, durch die Öffnung zu kriechen. Dabei lösten sich etliche Steine und verfehlten Johnnys Kopf nur um Haaresbreite. Das Loch in der Wand war danach fast doppelt so groß. Und Johnny brauchte bloß Anlauf zu nehmen und sich durch die Öffnung zu ziehen.

Im nächsten Moment wurde der Stein vor der Tür zur Seite gerollt. Das Zirpen der Goblins schwoll an wie das wütende Summen von tausend Hornissen.

»Lauft!«, rief Johnny. Und sie liefen! So schnell, wie sie noch nie in ihrem Leben gelaufen waren. Egal wohin, nur weg!

Zuerst hörten sie ihre Verfolger noch hinter sich. Dann bogen sie ab. Einmal ... zweimal. Der Tunnel war jetzt wieder so niedrig, dass sie nicht aufrecht gehen konnten, und stieg stetig bergan.

»Wartet mal!«, keuchte Russell. »Ich habe Seitenstiche.«

Sie blieben stehen, und Millie lauschte. »Hörst du etwas?«, fragte Johnny.

»Im Gang hinter uns ist niemand«, sagte Millie. »Aber ...«

»Wir haben sie abgehängt«, jubelte Russell.

Im selben Moment fuhr ein Schwert durch die Tunneldecke. Stangen und Spieße folgten, und es war reines Glück, dass keiner der Geisterjäger zu Schaschlik wurde.

»Sie sind über uns!«, rief Millie.

»Lauft!«, brüllte Johnny wieder. Geduckt hasteten sie durch den niedrigen Tunnel. Da schob sich ein Spieß durch die Wand und versperrte ihnen erneut den Weg.

Erschrocken blieben die Geisterjäger stehen. »Woher wissen die, wo wir sind?«

»Sie können uns hören«, flüsterte Millie so leise wie möglich und lauschte. »Jetzt sind sie im Tunnel direkt neben uns. Hört ihr sie?«

Johnny und Russell schüttelten den Kopf.

»Doch, sie reden miteinander. Lasst uns abhauen, solange sie noch beraten.« Millie stieg über die Stange, die ihnen den Weg versperrte, und Johnny und Russell folgten ihr.

»Du hast ja Ohren wie ein Luchs«, sagte Russell bewundernd.

»Psst, nicht so laut. So lockst du sie an«, wisperte Millie und legte den Finger auf die Lippen. »Wir müssen hier raus! Ich glaube, sie graben sich gerade durch die Wand.«

Die wuchtigen Schläge waren nicht zu überhören. Erdklumpen und Sand rieselten ihnen ins Genick.

»Beeilung!«, flüsterte Johnny, und die Geisterjäger liefen weiter geduckt durch den dunklen Tunnel davon.

Johnny wusste nicht, wie lange sie gelaufen waren. Aber es schien, als hätten sie die Goblins abgehängt. »Hörst du noch was?«, fragte er Millie.

Das Mädchen lauschte und schüttelte den Kopf. »Nein, ich kann nichts hören. Da ist niemand.«

Johnny sah sie nachdenklich an. »Bist du ganz sicher?«

Millie nickte.

»Hundert Prozent?«, fragte Russell.

Millie nickte erneut und wich seinem forschenden Blick aus.

»Ich hab's gewusst!«, murmelte Russell. »Du bist ein Mutant!«

»Bin ich nicht!«, blaffte Millie ihn beleidigt an und stapfte davon. Doch schon Sekunden später kam sie wieder zurück. »Worauf wartet ihr? Gleich hinter der Biegung ist eine Treppe.« Sie lächelte.

»Wirklich?« Johnny hatte selten so wunderbare Worte gehört.

Im Galopp liefen die Geisterjäger los und rannten die ausgetretenen Stufen hinauf. Endlich! Frische Luft! Johnny atmete tief ein und traute seinen Augen nicht. Unter dem roten

Abendhimmel ragten die schwarzen Mauerreste eines Turms empor.

»Nee, oder?«, flüsterte Russell.

»Doch«, sagte Johnny, und er wurde plötzlich ganz weiß um die dreckverschmierte Nasenspitze. »Wir haben sie direkt hierhergeführt.«

22. Kapitel

Sternenschneuzer

»Wo sind wir?«, fragte Millie und sah sich um.

»In den Ruinen von Mordor!«, antwortete Russell.

»Wo?« Millie sah verständnislos von einem zum anderen.

»Greyman Castle«, sagte Johnny. »Das hier ist der verfallene Teil der Burg. Es gibt jede Menge Verbindungen zur Hauptburg. Und leider keine Tür, die wir den Goblins vor der Nase zuschlagen könnten.«

Russell fing sich als Erster. »Erasmus! Lasst uns den Schädel

um Hilfe bitten. Der kennt sicher irgendein Mittel gegen diese zeternden Zwerge.«

Schnurstracks lief Russell zu dem verfallenen Turm, den sie eigentlich nicht betreten durften, und stieg die Wendeltreppe hinunter, die direkt in das Kellergewölbe führte. Die anderen folgten ihm. Hier unten befand sich die Gruft der Sinclairs und Erasmus' Alchemistenkammer.

Millie blieb immer wieder stehen, um zu lauschen, aber das scheußliche Zirpen blieb aus.

»Hier entlang!«, rief Johnny, als sie unten angekommen waren. Dicht hintereinander huschten sie durch das Tunnelgewölbe. »Seht mal!« Johnny deutete auf das seltsame bläuliche Licht und die Rauchschwaden, die unter der Tür zur Alchemistenkammer herauskrochen.

»Wenigstens scheint er zu Hause zu sein«, bemerkte Russell erleichtert.

Johnny öffnete vorsichtig die Tür. In diesem Moment gab es einen lauten Knall, und eine Stichflamme erleuchtete die Kammer.

»Himmel, Arsch und Zwirn!«, fluchte Erasmus. Dann bemerkte er, dass er nicht mehr allein war. »Verdammt! Was fällt euch ein, einfach so hereinzuplatzen?! Könnt ihr nicht anklopfen?«

»Alles okay mit dir?«, fragte Johnny besorgt.

»Ja, oder sehe ich aus, als würde mir etwas fehlen?«

»Nun ja ... Wo fange ich an? Da wäre als Allererstes der fehlende Körper, eine ordentliche Frisur, ein funktionierendes Gehirn ...«, plapperte Russell drauflos, doch Johnny stieß ihm seinen Ellbogen in die Seite. Sie konnten es sich gerade nicht leisten, den Schädel zu verärgern. Aber Erasmus beachtete Russell gar nicht.

»Das verdammte Magnesium!«, fluchte er stattdessen weiter.

»Du musst uns helfen!«, unterbrach Johnny ihn.

Und auch Russell hatte sich wieder gefangen. »Ja, wir haben ein riesengroßes Problem!«

»Willkommen im Club«, brummte Erasmus.

»Die Goblins sind uns bis auf die Burg gefolgt!«, platzte Johnny heraus.

»Das ist nicht dein Ernst!« Mit einem Ruck wirbelte Erasmus herum. »Ihr habt Goblins hierhergeführt? Auf die Burg? So viel Dummheit ist mir in den letzten fünfhundert Jahren nicht begegnet!«

»Schon klar. Sag uns lieber, was wir tun sollen«, bat Johnny.

»Und möglichst schnell, wenn's geht. Sie waren direkt hinter uns«, fügte Russell hinzu.

»Heißt das, ihr habt euren Ausstieg nicht verschlossen?«

»Womit denn?!«, rief Johnny. »Wir sind so schnell wie möglich zu dir gekommen. Es ging alles drunter und drüber. Da unten gibt es übrigens Geister, die ich nicht mit bloßem Auge sehen kann.«

»Ich habe auch niemals behauptet, dass du jeden Geist sehen kannst«, verteidigte sich der Schädel. Er dachte einen Moment nach und sah sich in der Kammer um. »Seht ihr das kleine Lederbündel dort in der Ecke?« Die Geisterjäger nickten. »Darin sind fünfzig Sternenschneuzer.«

»Sternenschneuzer?« Johnny und Russell sahen den Schädel verdutzt an. »Was ist das?«

»Keine Zeit für Erklärungen. Schnappt sie euch einfach! Goblins hassen Sternenschneuzer! Und du, Millie, nimmst den Köcher, der dort hinten an der Wand lehnt. Vielleicht schaffen wir es noch rechtzeitig, den Ausstieg zu sichern. Durch welchen Gang seid ihr gekommen?«

»Durch einen Tunnel, den ich bisher noch nicht kannte, aber er führt direkt in die Ruinen.« Johnny klemmte sich den Schädel unter den Arm, und Russell griff sich das Bündel Sternenschneuzer. Im Laufschritt rannten sie die Treppe hinauf.

Als sie oben ankamen, sog der Schädel die Luft ein. Was durch seine Nasenlöcher seltsam hohl klang. »Der Geruch der Goblinfrucht hängt bereits zwischen den Mauern!«, knurrte er.

»Heißt das, sie sind schon hier?«

In diesem Moment huschte eine Gestalt zwischen den Trümmern des eingestürzten Turms davon. »Ich denke ja. Ihr müsst sie aufhalten!«, drängte der Schädel.

»Aber wie?!«, rief Johnny und schleuderte einen Stein Richtung Goblin.

»Wie wäre es mit den Sternenschneuzern?«, fragte der Schädel ungeduldig. »Zündet sie an, und steckt sie einfach in die Tunnel. Aber zuerst sichern wir die Treppe und danach den Geheimgang in der Gruft!«

»Die Gruft hat einen Geheimgang?«, fragte Johnny.

»Jede Gruft hat einen Geheimgang«, antwortete Erasmus. »Und jetzt beeilt euch! Goblins lieben Burgen. Es gibt nichts, wo sie sich wohlerfühlen.«

Russell öffnete das Bündel mit den Sternenschneuzern. »Oh!«, murmelte er.

Johnny sah ihm neugierig über die Schulter. »Wunderkerzen?«

»Riesenwunderkerzen!«, sagte Russell. »Und die sollen helfen? Die Goblins lachen uns doch aus, wenn wir denen mit so einem Tischfeuerwerk kommen!«

»Beeilt euch. Wir haben keine Zeit für Kaffeekränzchen!«, drängte der Schädel. »Seid ihr bereit?«

Die Geisterjäger nickten.

»Ich will jetzt kein Menno oder Mimimi hören, verstanden? Russell verteilt die Sternenschneuzer auf der Treppe im Turm. Die anderen kümmern sich um die Gruft.«

»Warum ich?«, rief Russell. »He, lasst mich nicht allein!«

Doch Johnny und Millie waren bereits verschwunden. Mit zitternden Fingern legte Russell ein Bündel Riesenwunderkerzen auf die Treppenstufen und zündete sie an. Es fing an zu

britzeln und zu knistern. Gleißend helle Sterne spritzten in alle Richtungen und versengten seine Jacke.

»Mist!«, schimpfte er und rannte den anderen eilig hinterher.

Johnny und Millie hatten die Gruft, in der die Sarkophage der Sinclairs standen, inzwischen erreicht.

»Die Goblins sind ganz in der Nähe. Ich kann sie hören«, flüsterte Millie.

»Na ja, laut genug sind sie ja«, brummte der Schädel.

»Fragt sich nur, wo sie sich verstecken?«, murmelte Johnny.

»Wir brauchen Licht! Zünde die Fackeln an. Dunkelalben verabscheuen die Helligkeit!«

»Dunkelalben?«

»Goblins gehören zur Gattung der Dunkelalben, und jetzt beeil dich!«, drängte Erasmus.

Neben jedem Sarkophag waren rechts und links zwei Fackeln angebracht. Es konnte ja sein, dass es jemandem einfiel, die Sinclairs zu besuchen ...

Johnny griff nach dem Feuerzeug in seiner Tasche und hatte die erste Fackel gerade entzündet, als er aus den Augenwinkeln eine Bewegung sah.

»Pass auf!«, rief Russell, der gerade hereinkam.

Da schnellten hinter dem Steinsarg auch schon zwei sehnige Arme hervor und brachten Johnny zu Fall. Wie Fangeisen legten sie sich um seine Beine.

Und dann biss der Goblin einfach zu.

Es war pures Glück, dass Johnny heute feste Stiefel und keine Sneakers angezogen hatte. So blieben die Zähne des Goblins im Leder stecken.

Johnny, der noch immer am Boden lag, fing an, nach dem Kobold zu treten. Der Goblin sprang auf und packte ihn blitzartig am Hals.

Da schlug Millie ihm den Lederköcher um die Ohren, dass es nur so krachte.

»Verzieh dich, du Kackstiefel!«, schrie sie. Und der Goblin nahm verdutzt Reißaus. Mit drei Sätzen verschwand er hinter dem letzten Sarkophag am Ende der Gruft.

»Das war knapp!«, schnaufte Russell, und Johnny richtete sich mit klopfendem Herzen auf.

»Wow«, sagte er, und dann noch mal: »Wow! Heute ist echt mein Glückstag. Zuerst habe ich morgens die Stiefel angezogen, und dann hat Millie ihm auch noch eins auf die Rübe gegeben.«

»Habt ihr gesehen, wohin der Goblin verschwunden ist?«, unterbrach ihn Erasmus.

»Dahinten!« Russell deutete in die hinterste Ecke der Gruft.

»Gut beobachtet. Da ist der Einstieg. Und genau da liegen sie und warten.«

»Warten, worauf?«

»Darauf, dass es dunkel wird.«

In diesem Moment rollte eine schimmernde Frucht hinter dem Sarkophag hervor und verbreitete einen betäubenden Geruch. Verdutzt sahen sich die Geisterjäger an.

»Netter Versuch!«, lachte der Schädel heiser. »Leider allzu leicht zu durchschauen.«

»Ist sie das?«, fragte Johnny und stieß die birnenförmige Frucht mit der Fußspitze an. »Ist das die Frucht, die du gegessen hast?«

Millie schluckte und nickte. »Ich habe geglaubt, meine Mutter hätte wieder etwas Neues im Supermarkt entdeckt. Außerdem hat die Frucht so stark gerochen, dass ich sie lieber gleich gegessen habe.«

»Und was ist passiert, nachdem du sie gegessen hast?«, wollte Johnny wissen.

»Nichts«, sagte Millie.

»Nichts?«, wiederholte Johnny erstaunt.

»Nein. Ich kann mich an nichts erinnern.« Millie stutzte. »Ich kann mich an überhaupt nichts erinnern. Ich weiß nicht mal mehr, ob ich das Licht ausgemacht habe und wann ich ins Bett gegangen bin.«

»Okay, lass mich raten. Und als du am nächsten Morgen aufgewacht bist, hast du diese Kratzer entdeckt. Stimmt's?«

Millie sah Johnny ungläubig an. »Du meinst, meine Mutter hat mich mit dieser Frucht betäubt?«

»Nicht deine Mutter.« Johnny deutete Richtung Goblins.

Millie schlug sich mit der Hand gegen die Stirn. »Bin ich blöd!«, stöhnte sie.

»Ansichtssache«, brummte der Schädel. »Kurz darauf wurdest du krank, stimmt's?«

Millie nickte.

»Du kannst von Glück sagen, dass du deinen Fall diesen beiden Geisterjägern übergeben hast. Hätten sie die Situation nicht richtig eingeschätzt, würdest du kaum noch in diesem Körper stecken.«

Millie schluckte. »Aber ... aber wie kann das sein?«

»Goblins sind gefürchtete Überträger von Krankheiten. Pocken, Pest oder Spukfieber, all diese Erreger fühlen sich unter ihren Nägeln pudelwohl!«

Da rollte die zweite Frucht hinter dem Sarkophag heraus.

Russell musste unpassenderweise lachen. »Die sind echt blöd! Glauben die wirklich, wir würden da reinbeißen?«

Auch Johnny und Millie mussten grinsen. Nur Erasmus blieb ernst. »Ich wette meinen Hut darauf, dass das ein Trick ist«, sagte er. »Goblins sind tückisch! Sie halten uns hier auf, um an anderer Stelle die Burg zu besetzen! Millie, gib Johnny den Köcher!«

Johnny nahm den Köcher entgegen. Er erinnerte ihn stark an das Blockflötenetui, das er mit sieben Jahren zu Weihnachten bekommen hatte. Er schnürte ihn auf und entdeckte darin einen Holzstab, der ein bisschen wie eine getrocknete Schlange aussah. Vorsichtig zog Johnny ihn heraus.

»Bist du bereit?«, fragte Erasmus.

»Wofür?«, fragte Johnny. »Du glaubst doch nicht, dass ich die Goblins mit diesem Ding verprügele, wie Millie es getan hat.«

»Natürlich nicht!«, antwortete Erasmus. »Aber werfen kannst du hoffentlich.«

»Logisch!«

»Gut. Dann wirf den Stab vor den Tunnel, in dem sie sich verkrochen haben. Aber mit Schwung!« Die dritte Frucht rollte über den Boden. »Jetzt mach schon!«

Johnny ging zögernd um den letzten Sarkophag herum. In der Mauer klaffte tatsächlich ein breiter Spalt. Die dicken Spinnweben, die ihn bisher verdeckt hatten, waren zerrissen, und aus dem Dunkel leuchteten ihm mehrere Augenpaare entgegen.

»Wirf!«, drängte ihn der Schädel.

Johnny zögerte noch immer. »Ich weiß nicht, ob ich treffe.«

»Das musst du nicht. Die Natter hasst nichts mehr als Goblins.«

Johnny holte weit aus, zielte und warf. Der Stab prallte krachend gegen die Wand …

… und wurde lebendig!

Er ringelte sich wie ein Regenwurm, stellte sich auf wie eine Kobra und schoss durch den Spalt in den Tunnel. Wütendes Fauchen und schrilles Zirpen ertönten. Dann war alles ruhig.

Die Natter hatte die Goblins eiskalt erwischt. Misstrauisch sahen sich die Geisterjäger an.

»Sind sie ... tot?«, fragte Johnny kaum hörbar.

»Meistens können sie fliehen«, antwortete der Schädel mürrisch. »Und jetzt kommt. Lasst uns auch die anderen Tunnel von ihnen befreien. Ach ja, in dem Köcher muss noch irgendwo eine Flöte stecken.«

Johnny griff erneut in den Behälter und fand tatsächlich eine kurze Flöte mit einem Mundstück und drei Löchern.

»Spiel drei – zwei – eins – zwei!«, befahl ihm der Schädel. »Damit rufst du die Natter wieder zurück.«

Johnny stellte sich vor den Spalt in der Wand und blies vorsichtig in die Flöte. Die Melodie war nichts Besonderes, aber sie schien genau richtig zu sein. Schon einen Wimpernschlag später kroch die Schlange aus dem Tunnel heraus. Sie kam zu Johnny zurück, richtete sich auf wie eine Kobra und fiel stocksteif um.

Vorsichtig hob der junge Schotte sie auf. »Sie fühlt sich an, als wäre sie aus Holz.«

»Der Natternstab *ist* aus Holz«, sagte der Schädel. »Aus besonderem Holz. Und jetzt schnell.«

Die Geisterjäger liefen durch das Gewölbe und stiegen die Treppe zu den Ruinen von Mordor hinauf. Dort warf Johnny den Natternstab in den Tunnel, aus dem sie gekommen waren. Wieder ertönte ein wütendes Fauchen und aufgeregtes Zirpen.

Russell schob vorsichtshalber noch zwei Sternenschneuzer hinterher, dann widmeten sie sich dem nächsten Zugang.

Nach und nach vertrieben sie die Goblins aus allen ihnen bekannten Gängen. Als sie damit fertig waren, konnte Johnny seinen Arm kaum mehr heben, so sehr schmerzte er vom ständigen Werfen. Müde, aber aufgekratzt kehrten sie in die Burg zurück.

23. Kapitel

Pferdeküsse und andere gute Ideen

Die Geisterjäger hatten die Halle von Greyman Castle gerade betreten, da sah Johnny einen Goblin hinter der Treppe verschwinden.

»Mist! Sie sind schon in der Burg!«, rief er.

In diesem Moment schaute Mrs Adams aus der Küche. »Hallo, Johnny! Gut, dass ihr wieder zurück seid. Ich wollte gerade Feierabend machen.«

»Oh, das sollten Sie unbedingt!«, sagte Johnny und sah sich

unbehaglich um. »Am besten, Sie fahren gleich nach Hause.« Er deutete auf Russell und Millie. »Ich bin ja nicht allein.«

»Damenbesuch.« Mrs Adams lächelte. »Sehr schön. Aber ich bleibe hier.«

»Nicht nötig, ehrlich.«

»Ich habe es deiner Mutter versprochen!« Mrs Adams sah auf die Uhr. »Es ist schon recht spät. Im Fernsehen läuft gleich *Weben, Nähen, Tragen*. Das Abendessen habe ich euch in den Kühlschrank gestellt. Lasst es euch schmecken.« Und mit diesen Worten verschwand sie in dem kleinen Zimmer, das sich direkt an die Küche anschloss.

»Puh, die wäre weg!«, meinte Russell erleichtert, und auch Johnny war eindeutig wohler.

Trotzdem wollte er nichts dem Zufall überlassen. Nicht auszudenken, wenn Mrs Adams von den Goblins gekidnappt würde! »Sperr sie am besten ein!«, sagte er knapp zu Russell und griff grimmig nach dem Natternstab.

Verblüfft sah Russell ihn an. »Und wie? Siehst du hier vielleicht irgendwo einen Schlüssel?«

»Ich habe eine Idee!«

Millie flitzte los und holte den Teleskopbesen, den Mrs Adams neben der Küche stehen gelassen hatte.

Sie lauschte, und als sie hörte, dass in der Kammer der Fernseher lief, klemmte sie ihn kurzerhand unter die Klinke und verschloss so die Tür.

»Erstaunlich, was du so alles draufhast«, grinste Johnny und spurtete los. Hinter der breiten Treppe war bereits der zweite Goblin verschwunden.

Schnell durchquerte Johnny die Halle und warf den Stab. Die Natter war blitzschnell. Man hörte es fauchen, zirpen und klirren. Es gab einen kleinen Blitz, und die Schlange kroch hinter der Treppe heraus. Mit zitternden Fingern griff Johnny nach der Flöte.

»Wow!«, sagte Russell, nachdem der Stab wieder sicher verstaut war. Genau wie Millie hatte er alles mit angesehen.

»Was war das für ein blauer Blitz?«, wollte Millie wissen.

»Das passiert immer, wenn sie asportieren«, erklärte Erasmus. »Goblins können wie viele magische Wesen in der Zeit springen. Nicht weit, aber es ist sehr kräftezehrend, und sie müssen immer etwas zurücklassen. Einen Teil ihrer Kleidung zum Beispiel oder ein Schmuckstück. Deshalb springen sie nur in allerhöchster Not. Und wenn sie das tun, entsteht dieser typische blaue Blitz, den ihr eben gesehen habt.«

Neugierig sah Johnny hinter die Treppe. Die riesige Porzellanvase war rußgeschwärzt und hatte einen Sprung. Neben ihr lagen zwei braune Kappen. Johnny hob sie mit spitzen Fingern auf.

»Igitt, wie die stinken!« Russell hielt sich die Nase zu.

»Behaltet sie trotzdem. Ihr werdet sie später gut gebrauchen können«, sagte der Schädel. »Und jetzt lasst uns weiter nach

Goblins suchen. Es wäre gut, wenn die Natter sie alle vertreibt. Die oberen Räume könnt ihr dabei getrost auslassen. Die Welt der Goblins besteht aus Kellern und Gewölben …«

»Ich glaube, da sind noch welche«, flüsterte Millie und blickte in Richtung des großen Salons. »Ich kann sie hören!«

»Schick die Natter in den Salon!«, sagte Erasmus, und Johnny gehorchte. Er schleuderte den Stab bis in die Mitte des Raums, und tatsächlich: Hinter den langen Vorhängen ertönte ein Zischen und Fauchen, und ein Blitz sauste hoch bis unter die Zimmerdecke. Johnny rief die Natter zurück und ging nachsehen. Er fand eine weitere Kappe und ein Lederwams. Der Vorhang hatte außerdem ein paar Brandlöcher, aber die waren kaum der Rede wert.

»Soso«, sagte Erasmus und ließ sein rauchiges Mondsteinauge auf Millie ruhen. »Du bist also eine Hörende.«

Millie sah ihn unbehaglich an. »Ich weiß nicht …«

»Doch, doch … Du besitzt Fähigkeiten, auf die keine Geisterjägeragentur verzichten sollte. Was meinst du, Johnny?«

Jetzt wurde Millie rot.

Und auch Johnny spürte, wie ihm heiß wurde. Er hatte noch nicht darüber nachgedacht, ob er Millie immer dabeihaben wollte. Aber bevor er antworten musste, hörten sie auf dem Hof Motorengeräusche. Johnny warf einen Blick aus dem Fenster. Ein Taxi fuhr vor.

»Sind das deine Eltern?«, fragte Russell.

»Ich glaube nicht!«, sagte Johnny und sah nach draußen. »Cécile?«, flüsterte er ungläubig.

Johnnys Kindermädchen stieg aus dem Taxi und bezahlte den Fahrer. Der stellte eilig ihr Gepäck in den Hof und fuhr gleich darauf mit quietschenden Reifen davon. Er war ein abergläubischer Mann, und Cécile hatte ihn ziemlich überreden müssen, sie noch um Mitternacht auf die Burg zu bringen – ausgerechnet zur Geisterstunde.

»Cécile!« Die schwere Eingangstür wurde geöffnet, und Johnny, Russell und Millie stürzten in den Hof. »Wie gut, dass du wieder da bist«, begrüßte Johnny sie. »Du ahnst ja nicht, was inzwischen alles passiert ist!«

»Lord Sinclair!«, rief Cécile und schloss Johnny in ihre kräftigen Arme. »Dann hat mich mein Gefühl also nicht getäuscht. Ich hatte keine ruhige Minute mehr, nachdem wir geskypt haben. Mein Talisman hat an einem einzigen Tag sämtliche Mondphasen durchlaufen!« Sie deutete auf die goldene Mondsichel, die an einer Kette um ihren Hals hing. »Aber erzählt mal ...«

»Vorsicht!«, rief Millie und deutete nach oben.

Auf den Zinnen stemmte sich gerade ein Goblin gegen eine große Steinkugel, die eigentlich nur zur Zierde gedacht war.

Russell und Millie sprangen zur Seite, doch Cécile starrte ungläubig nach oben. In diesem Moment löste sich die Kugel und stürzte hinunter in den Hof. Gerade noch rechtzeitig konnte Johnny sein Kindermädchen zur Seite schubsen ...

Da ertönte ein wilder Schrei, und der Highlander fing die herabfallende Kugel mit einem lauten »Uff!« auf. Wütend ließ er sie in eine Ecke des Burghofs fallen und kehrte blitzartig auf die Zinnen zurück. Er packte den verdutzten Goblin an den Beinen und ließ ihn ein paarmal über seinem Kopf kreisen. Im nächsten Moment segelte der Kobold auch schon wie ein Frisbee über die Mauer davon.

Rundherum setzte lautes Fauchen und Zirpen ein.

»Arrgh!«, brüllte der Highlander. Und eine Handvoll Goblins rannte kopflos davon.

»Aua!!!« Der Schädel war Johnny bei dem Stoß aus dem Arm gerutscht und über den Boden gerollt. Jetzt lag er gut zwanzig Meter weit entfernt und hatte etliche Schrammen auf seinen Tattoos.

»Tut mir leid. Ich hoffe, du hast keine Gehirnerschütterung oder so was«, rief Johnny und lief zu ihm.

»Das wird schon«, meinte Russell. »Sieht doch gar nicht so schlimm aus.«

»Pah!«, schimpfte der Schädel. »Ich kann Heuchler und Schmeichler nicht ausstehen. Nun hebt mich schon auf, damit ich die Delle in meinem Kopf reparieren kann.«

Cécile hatte sich inzwischen aus ihrer Starre gelöst und übernahm das Kommando. »Johnny, bring den Schädel in mein Arbeitszimmer! Dort kann er sich ungestört wiederherrichten. Und inzwischen machen wir es den Goblins so richtig un-

gemütlich. Wäre doch gelacht, wenn wir den fiesen Gnomen nicht zeigen könnten, wo der Hammer hängt!«

»Habt ihr gesehen, was der Highlander mit ihnen gemacht hat?«, fragte Russell bewundernd.

Johnny lachte. »Der Gute war richtig auf Zinne! Ich wette, er wird die ganze Nacht Jagd auf Goblins machen.«

»Genau wie wir«, sagte Cécile. »Mein Bruder hat mir zwei Dosen Pferdeküsse mitgegeben. Wenn man die zum Dampfen bringt, dann auf Nimmerwiedersehen, Goblins!« Sie lachte.

Die anderen sahen sie verständnislos an.

»Pferdeküsse heißt eine neue Räuchermischung, die Kobolde, Oger und Ghuls vertreibt. Wenn ihr einmal eine Nase voll davon genommen habt, wisst ihr, warum. Tragt alle Eimer, die ihr finden könnt, in mein Arbeitszimmer. Wir wollen das Burggelände kräftig ausräuchern!«

»Und bringt auch sämtliche Besenstiele mit!«, verlangte der Schädel. »Ich gehe inzwischen mit Cécile und helfe ihr mit dem Rauchwerk.«

»Er *geht* mit Cécile ...«, spottete Russell. »Er *rollt* wohl eher mit Cécile. Haha!«

»Wir sollten uns beeilen«, mahnte Millie. »Ich kann das scheußliche Zirpen wieder hören.«

Die Geisterjäger flitzten los und schleppten alles, was sie an Eimern und Besen finden konnten, in Céciles Arbeitszimmer. Auch wenn sie keine Ahnung hatten, wie die beiden es anstel-

len wollten, mit Räucherei und einem Haufen Besen eine Horde Goblins zu vertreiben.

»Sehr schön«, lobte der Schädel. »Und während die Mambo die Räuchermischung auf die Eimer verteilt, sucht ihr sämtliche Goblinkappen und anderes Zeug zusammen, das die Kerle beim Asportieren zurückgelassen haben, und bringt es raus in den Hof.«

»Boah, voll eklig!«, schimpfte Russell. Trotzdem sammelte er all die stinkenden Sachen zusammen und trug sie ins Freie hinaus. »Seht mal!« Russell deutete auf eine Gruppe Goblins, die sich eilig über die Wehrmauer verdrückten.

»Denen schlottern ja schon beim Zuschauen die Knie!«, lachte Johnny.

Cécile kam mit den ersten zwei Eimern zu ihnen in den Hof. In einem davon hockte Erasmus und sah alles andere als glücklich aus. Johnny nahm den Schädel heraus und setzte ihn in seine Kapuze. »Sehr aufmerksam«, grunzte Erasmus. »Aus dir könnte doch noch ein brauchbarer Zauberlehrling werden.«

Johnny überhörte das einfach. »Was kommt als Nächstes?«, wollte er von Cécile wissen.

»Wir verteilen die Eimer an sämtlichen Zugängen der Burg und zünden die Räuchermischung darin an. Die Goblins sollen sie in allen Windrichtungen riechen!« Cécile warf ein Streichholz in den Eimer. Es gab eine kleine Stichflamme, und schon stieg ein furchtbarer Geruch daraus auf.

Johnny schüttelte sich und hielt sich die Nase zu.

»Und was machen wir mit den Besen?«, fragte Millie.

»Die benutzen wir als Kleiderständer. Setzt auf jeden Stiel eine Goblinkappe, oder was immer sie sonst zurückgelassen haben, und stellt sie am besten in die Nähe der Eimer. Zur Abschreckung!«

Millie, Johnny und Russell gehorchten. Sie holten die restlichen Eimer und verteilten sie, so wie Cécile gesagt hatte, auf dem Burggelände. Dort qualmten sie stinkend vor sich hin, während die Kappen der Goblins wie eine Drohung auf den Besenstielen saßen und für Angst und Schrecken sorgten.

»Johnny!«, rief da eine zornige Stimme, und es rüttelte so laut an der Tür, dass man es bis in den Hof hinaus hörte.

Die Geisterjäger zuckten erschrocken zusammen.

»Mrs Adams! Die hätte ich fast vergessen!« Johnny wirbelte herum. »Ich glaube, wir sollten sie jetzt besser befreien.«

»Unbedingt«, meinte Cécile und klimperte mit ihrem Autoschlüssel. »Ich fahre Millie nach Hause, und morgen früh sehen wir weiter.«

»Das ist echt nett von Ihnen«, sagte Millie.

»Stimmt!«, bestätigte Johnny. »Wir sehen uns später ... also, komm gut nach Hause. Ähm, du bist ... du warst ...«

»Eine coole Geisterjägerin ...«, beendete Russell den Satz.

»Johnny!« *Bum, bum, bum!* Mrs Adams klang inzwischen ziemlich wütend.

»Ich bin gleich da!«, flötete Johnny. Er ließ Millie und Cécile auf dem Burghof stehen und flitzte ins Haus. Russell war ihm dicht auf den Fersen. »Bei drei!«, flüsterte Johnny. »Eins ... zwei ... drei!« Er zog den Besen unter der Klinke weg und reichte ihn Russell.

Mit einem Krachen flog die Tür auf.

»Schön, Sie zu sehen, Mrs Adams«, sagte Johnny und setzte sein freundlichstes Lächeln auf.

»Was war denn los?«, fragte Russell scheinheilig.

Mrs Adams sah ihn verwirrt an. »Ich weiß nicht. Ich habe die Tür nicht mehr aufbekommen.«

»Verstehe. Und dann sind Sie in Panik geraten.«

»Die Tür hat geklemmt«, verteidigte sich Mrs Adams.

»Versuchen Sie es noch mal. Wir sind ja jetzt hier«, beruhigte Johnny sie.

»Und ihr geht auch nicht weg?«

»Nein!«, versprachen die Jungs. Mrs Adams schloss und öffnete die Tür noch dreimal und war zufrieden. »Sehr schön, dann kann ich mich ja jetzt beruhigt schlafen legen«, sagte sie und lächelte erleichtert.

»Das können Sie«, bestätigte Johnny. Und Russell nickte.

Bevor sie sich selber schlafen legten, sicherten sie die Türschwellen und Fensterbänke in ihren Räumen mit Lavendel und Rosmarin.

»Ihr müsst es nicht übertreiben«, brummte Erasmus. »Es sind bloß Goblins. Verschlagen, hinterlistig, aber nicht besonders mutig. Es hat seinen Grund, weshalb sie sich am liebsten von Knochen und Aas ernähren.«

Bevor Johnny ins Bett ging, warf er noch einen Blick aus dem Fenster. Tommy Drum patrouillierte auf dem Wehrgang, und die Eimer qualmten friedlich vor sich hin. Drei der Besenstiele brannten allerdings lichterloh wie Fackeln. Russell hatte sie dummerweise *in* die Eimer gesteckt anstatt daneben. Morgen früh würde von ihnen und den Goblinkappen nichts weiter übrig sein als ein Häufchen Asche.

24. Kapitel

Mister Tod

Das Wetter in Schottland wechselte so schnell wie ein Chamäleon die Farbe. Als die zwei Geisterjäger am nächsten Morgen aufwachten, sah es im Burghof aus wie in einer Waschküche.

»Milchsuppe!«, stellte Russell fest. »Ich kann nicht mal mehr den Wehrgang gegenüber sehen.«

Johnny stand auf und reckte sich. Er hatte im Bett seiner Eltern nicht besonders gut geschlafen. Jetzt warf er einen Blick aus dem Fenster und musste Russell recht geben. Nebel, dick

wie Zuckerwatte, hing über der Burg. Wolfswetter, wie Mrs Adams sagen würde. Und beim Gedanken an Mrs Adams knurrte ihm auch schon der Magen.

»Ich bin hungrig wie ein Wolf«, sagte Russell in diesem Moment.

Johnny grinste. »Ich auch. Zieh dich an. Ich wette, Mrs Adams hat längst Frühstück gemacht.«

Mrs Adams wartete tatsächlich schon mit dem Frühstück auf sie. Grapefruit, Toast, gebackene Bohnen und andere Leckereien standen für die Geisterjäger bereit.

Johnny und Russell setzten sich an den Tisch und langten kräftig zu.

»Hat die Tür noch Probleme gemacht?«, fragte Russell und trat Johnny unter dem Tisch gegen das Schienbein.

»Nein, ich weiß auch nicht, warum sie geklemmt hat«, sagte Mrs Adams.

»Guten Morgen!« Die Tür ging auf, und Cécile kam herein.

»Cécile! Was machen Sie denn hier?« Erstaunt sah die Köchin Johnnys Kindermädchen an.

Cécile nahm sich einen Becher Tee und setzte sich zu den Jungs an den Tisch. »Ich bin gestern Abend zurückgekommen«, sagte sie. »Ich hatte das seltsame Gefühl, dass ich hier gebraucht würde.« Sie funkelte die Jungs an. »Wir müssen reden!«, zischelte sie.

Johnny und Russell tauschten einen schnellen Blick.

»Ach was. Sie hätten sich ruhig Zeit lassen können«, sagte Mrs Adams. »Mr und Mrs Sinclair kommen heute Abend zurück. Und ich bin ja auch noch da ...«

Cécile lächelte Mrs Adams liebenswürdig an. »Ich weiß, Sie sind ein richtiger Schatz«, sagte sie. Und zu den Jungs: »Esst auf, und dann ab in mein Büro!«

Johnny und Russell ahnten nichts Gutes, als sie gleich darauf in Céciles Arbeitszimmer getrottet kamen.

»Was ist das?«, fragte Cécile ohne Umschweife und zeigte auf den leeren Wollfaden, der zwischen ihren Voodoo-Puppen von der Decke hing. »Vor meiner Abreise hingen hier neunundvierzig Puppen! So viele braucht man, um einen Raum gegen Butas zu schützen. Jetzt hängen hier nur noch achtundvierzig Puppen. Also?« Cécile starrte sie wütend an.

»Wir ... wir ...«, fing Russell an.

»Wir haben sie dringend gebraucht«, sagte Johnny schnell.

»Ach ja?«

Russell nickte. »Wir haben Visitenkarten für unsere Geisterjägeragentur drucken lassen ...«

»Toll. Und was hat meine Puppe damit zu tun?«

»Bronzo hat gesagt, er macht es nur, wenn wir ihm dafür eine Voodoo-Puppe besorgen.« Johnny war sichtlich verlegen. »Und du hast so viele, da dachte ich ...«

»Was hast du gedacht?« Aus Céciles Augen schossen Blitze.

»Ich dachte ...«

»Du hast gedacht, es ist egal, wenn eine fehlt, stimmt's? Das merkt Cécile sowieso nicht, stimmt's? Weil Cécile nämlich nicht zählen kann, richtig?«

Bedröppelt blickten Johnny und Russell zu Boden.

»Mann, Mann, Mann!« Cécile schlug sich mit der flachen Hand vor die Stirn. »Was ist, wenn die Puppe in die falschen Hände gerät? Was ist, wenn sich ein Pseudo-Voodoo-Priester an einem Zauber versucht?«

»Ach was, Bronzo ist kein Voodoo-Priester ...«, sagte Johnny.

»Natürlich ist er kein Voodoo-Priester«, blaffte Cécile ihn an.

Russell sah von einem zum anderen. »Wir sind so was von blöd!«, sagte er plötzlich.

»Warum?«, fragte Johnny.

»Er hat meinen Vater verflucht, und wir haben es nicht geschnallt!«

Johnny sah ihn mit großen Augen an. »Du meinst ...?« Plötzlich passte alles zusammen. Die Schulter, der Zeh ...

»Was ist los?«, fragte Cécile.

»Mein Dad hat in letzter Zeit gesundheitliche Probleme«, gab Russell zu. »Es fing in der Schulter an, dann kamen der Arm, der Zeh ... Es war immer was Neues.«

Cécile sah ihn grimmig an. »Lass mich raten: Alles fing an, nachdem ihr Bronzo die Voodoo-Puppe gegeben habt, stimmt's?«

Johnny wand sich innerlich. Die ganze Sache war ihm so was von peinlich. »Aber es war doch nur Bronzo. Ich habe geglaubt, er hat mit Voodoo so wenig am Hut wie eine Ballerina mit Wrestling!«

»So kann man sich irren!«, schnaubte Cécile. »Ihr holt die Puppe sofort wieder zurück!«

»Von Bronzo?«

»Von wem sonst?«

»Aber wie?«

»Lasst euch etwas einfallen. Ich fahre Mrs Adams nachher nach Hause, dann kann ich euch später aus Blacktooth wieder mit zurücknehmen. Bronzo wohnt doch in Blacktooth, oder?«

Die Jungs nickten.

»Alter Schwede, dass wir nicht früher darauf gekommen sind!«, stöhnte Russell, als sie sich auf den Weg zum Bus machten. »Mein armer Dad!«

»Es gab eben noch andere Dinge, um die wir uns kümmern mussten«, meinte Johnny entschuldigend. »Aber du hast recht. Wir müssen die Puppe zurückholen. Und zwar jetzt gleich!«

Der Bus nach Blacktooth fuhr eine halbe Stunde später. Wie immer setzten sich die beiden ganz nach hinten.

»Gut, dass es noch immer neblig ist«, meinte Johnny. »Dann können wir uns besser anschleichen. Du lockst ihn raus, und ich hole die Puppe zurück.«

»Vielleicht müssen wir ihn gar nicht rauslocken. Heute ist Montag, und Bronzo muss arbeiten.«

So leicht, wie Russell es sich vorgestellt hatte, war die Sache leider nicht. Der Campingplatz von Blacktooth war an diesem nebligen Vormittag zwar menschenleer, aber ausgerechnet in Bronzos Wohnwagen brannte Licht.

»Warum arbeitet er nicht?«, fragte Russell erschrocken.

Leise pirschten sich die Geisterjäger an den Wohnwagen heran. Unbehaglich beobachteten sie die große Silhouette hinter den Vorhängen. Bronzo beugte sich über etwas, das vor ihm auf dem Tisch lag, und seine große Faust sauste immer wieder auf und ab.

»Lock ihn raus. Wenn er draußen ist, schleiche ich mich rein und hole die Puppe«, flüsterte Johnny.

»Und wie?«

»Keine Ahnung. Ruf ihn einfach ...«

»Okay. Warte, bis ich mich hinter dem Busch dort versteckt habe, dann klopfst du an.«

Johnny wartete, bis Russell im Nebel verschwunden war, und hämmerte gegen den Wohnwagen. Dann brachte er sich in Sicherheit. Die Tür flog auf, und Bronzo streckte seinen Kopf heraus. Misstrauisch spähte er in den Nebel. »Hallo!?«, rief er.

»Bronzooo! Bronzooo!«, ertönte da eine Stimme. »Ich bin hier!« Russell hatte die hohlen Hände vor den Mund gelegt, und es klang wirklich schaurig.

»Wer zum Teufel ist da?«, grunzte Bronzo und trat vor die Tür.

»Ich bin hier, Bronzooolein. Siehst du mich denn nicht?«

»Wer ist da, verdammt noch mal?« Der große Mann sah sich zornig um und tappte durch den Nebel.

»Haaa, haaa, haaa!«, hallte es schaurig. »Du Hohlbirne! Jammerlappen! Weichkeks! Ahnst du noch immer nicht, wer hier zu dir spricht?«

Johnny wurde langsam nervös. Russell musste es ja nicht gleich übertreiben. Wenn man genau hinhörte, konnte man seine Stimme nämlich sehr wohl erkennen.

»Du Wurm, fragst du dich wirklich, wer ich bin?« Jetzt war Russell in Fahrt. »Hier spricht Mister Tod, du Spatzenhirn!«

»Du bist Mister Tod?«, fragte Bronzo und verschwand endgültig im Nebel.

Johnny nutzte die Gelegenheit, um in den Wohnwagen zu schlüpfen. Die Voodoo-Puppe lag auf dem Tisch und war mit Nadeln gespickt wie ein Stachelschwein. Um den Hals trug sie Mr Moores blaue Krawatte mit dem Firmenlogo. Russells Vater tat Johnny aufrichtig leid.

»Bronzooo!«

»Jaaaa?« Bronzos Stimme klang auf einmal geradezu übermütig.

Johnny wirbelte herum. War Russell völlig verrückt geworden? Ahnte er nicht, wie nah ihm der Kerl bereits war?

Vor lauter Schreck legte Johnny die Hände vor den Mund. »Bronzooo!«, rief er atemlos. »Ich bin hier! Hier ... hörst du?«

Doch da war es auch schon zu spät.

»Du kleiner Hosenscheißer!«, brüllte Bronzo. Er sprang hinter den Busch, hinter dem Russell sich versteckt hatte. Und dann brüllte auch Russell. Der große Mann hatte ihn am Genick gepackt und zerrte ihn wütend aus seinem Versteck.

»Komm raus, du kleiner Furz!«, rief Bronzo in Johnnys Richtung. »Oder ich breche deinem Freund sämtliche Knochen!«

Johnny war klar, dass er mit dem Furz gemeint war. Er steckte die Voodoo-Puppe in seine Jackentasche und kam aus dem Wohnwagen.

»Hierher!«, befahl Bronzo. Johnny zögerte. »Wird's bald?« Grob packte Bronzo Johnny am Arm.

»Bronzooo!«, schallte es in diesem Moment schaurig über den Campingplatz.

Johnny und Russell sahen sich an, und auch Bronzo zuckte unwillkürlich zusammen.

»Unzählige Male hast du mich gerufen, und jetzt bin ich hier! Hier, um dich zu holen, Bronzo!«

Johnny sah eine Bewegung im Nebel, und dann trat er leibhaftig heraus: Mister Tod, wie man ihn von Bildern kennt! Das Gesicht weiß, ein schwarzer Anzug, ein Zylinderhut auf dem Kopf, einen Totenschädel in der Hand. Augenblicklich hörte Johnny auf, sich gegen Bronzo zu wehren.

Und auch Russell war plötzlich unheimlich still.

»Wir reisen ins Reich der Finsternis, Bronzo. Das Reich der lebenden Toten.«

Bronzo stand wie erstarrt. Nervös leckte er sich über die trockenen Lippen.

»Zombies, Bronzo!« Mister Tod holte aus, und ein greller Blitz explodierte vor Bronzos Füßen. Das war genug.

»Ich habe nichts getan!«, schrie Bronzo. »Nichts habe ich getan! Gar nichts!« Er stieß Johnny und Russell von sich und rannte, wie von Furien gehetzt, davon.

»Netter Auftritt!«, grinste Johnny.

»Voll cool!«, bestätigte Russell.

»Und wie es scheint, gerade zur richtigen Zeit«, sagte Cécile. »Gebt mir die Puppe!«

Johnny zog die Voodoo-Puppe aus seiner Jackentasche und legte sie in Céciles ausgestreckte Hand.

»Ich verkrümle mich jetzt besser«, sagte sein Kindermädchen. »Bevor sich der Nebel weiter lichtet und mich jemand in dieser Verkleidung sieht.« Sie lachte ihr dunkles Lachen. »Den echten Mister Tod lasse ich euch hier!«

»Bla, bla!«, schimpfte Erasmus. »Ich fühle mich quicklebendig.«

Cécile drückte Johnny den Schädel und einen Jutebeutel in die Hand, aus dem es ziemlich streng roch. »Wir sehen uns nachher!« Und mit diesen Worten war sie im Nebel verschwunden.

»Mann, bin ich froh, euch zu sehen!«, gestand Russell. »Es war unglaublich, wie der Kerl mir an die Kehle gegangen ist.«

»Meint ihr, dass er noch mal wiederkommt?«, fragte Johnny.

»Unwahrscheinlich nach diesem Auftritt«, sagte der Schädel. »Außerdem weiß er ja jetzt, dass ihr ihm auf die Schliche gekommen seid.«

Johnny klemmte sich Erasmus unter den Arm und sah in den Beutel. »Igitt! Was sollen wir denn mit den stinkenden Goblinklamotten anfangen?«

»Dreimal darfst du raten.«

»Keine Ahnung.«

»Wir hängen sie zur Abschreckung über Millies Zaun?«, schlug Russell vorsichtig vor.

»Bravo!«, lobte der Schädel.

Russell grinste zufrieden. Dann sah er erschrocken auf die Uhr. »Mist. Es ist gleich Mittag. Meine Mutter erwartet mich bis 14 Uhr von meinem Wochenendtrip mit den Shoemakers zurück.«

»Das schaffen wir locker«, sagte Johnny. »Es ist noch nicht einmal zwölf.«

Johnny setzte Erasmus in seine Kapuze, und die Geisterjäger machten sich auf den Weg zu Millie.

Als sie am *Hobgoblin* ankamen, wurden sie bereits erwartet.

»Sieh mal, was wir dir Schönes mitgebracht haben!«, rief Johnny.

Millie warf einen Blick in den Beutel und rümpfte die Nase. »Pfui Teufel! Ich habe schon auf euch gewartet«, sagte sie.

»Hattest du eine ruhige Nacht?«, fragte Russell.

»Absolut ruhig!«, versicherte Millie.

»Und damit es so bleibt ...«, Johnny zog eine Goblinkappe und ein Lederwams aus dem Beutel, »... müssen wir das jetzt nur noch gut sichtbar an eurem Gartenzaun anbringen!«

»Im Ernst?«

Johnny nickte. »Du hast doch gehört, was Erasmus über die Goblins gesagt hat. Sie sind ein Haufen Schisser!«

»Aber gefährliche Schisser ...«, murmelte Russell.

Millie grinste und flitzte ins Haus. Zwei Sekunden später war sie mit einem Hammer und Nägeln zurück. »Was haltet ihr hiervon?« Millie nagelte die Goblinkluft gleich neben der Gartenpforte an den Zaun, sodass jeder Goblin, der nicht völlig blind war, sie sehen musste.

»Super«, sagte Johnny zufrieden. »Damit ist unser Auftrag erfüllt, und du kannst wieder ruhig schlafen. Die Goblins werden dich ab jetzt in Ruhe lassen.«

Millie sah verlegen von einem zum anderen. »Ihr habt mehr getan, als eine Horde Goblins zu vertreiben«, sagte sie. »Ihr habt mir das Leben gerettet. Ich weiß nicht, wie ich das jemals wiedergutmachen kann.« Sie griff in ihre Jackentasche und zog eine Geldbörse heraus. »Ich hoffe, es reicht ...«

Der Schädel sog zischend die Luft ein. »Da...da...«, stotterte

er. Johnny sah ihn verwundert an. So aufgeregt hatte er den Schädel selten gesehen.

»Hey, komm wieder runter! Wir wollen Millie nicht arm machen. Wie sie den Goblin vermöbelt hat, war großes Kino!«

»Hier!« Millie hatte die Börse geöffnet und legte Johnny eine glänzende Goldmünze in die Hand. »Für euch«, sagte sie.

»Was ist das?«, fragte Johnny erstaunt.

»Da...da...da...« Der Schädel räusperte sich und zwang sich dann zur Ruhe. »Das ist ein Goblintaler«, presste er heraus. »Eine Art Orden ... und so ziemlich das Wertvollste, was ein Goblinfürst besitzen kann. Kein Wunder, dass der ganze Clan hinter ihr her war. Die Börse ist übrigens aus Einhornleder, und ihr solltet sie schnell ... nein, sehr schnell wieder zurückbringen. Sonst kann ich nicht garantieren, dass die Goblins nicht doch wiederkommen.«

»Oh!« Johnny und Russell sahen Millie an.

»Ich habe sie vor ein paar Wochen auf dem Friedhof gefunden«, erklärte das Mädchen.

»Dann bring sie genau dorthin wieder zurück«, verlangte der Schädel.

Johnny warf noch einen Blick auf die schwere Goldmünze, die ein hässlicher Goblinkopf und ein paar seltsame Schriftzeichen zierten, und ließ sie zurück in die Geldbörse fallen.

»Einhornleder«, flüsterte Millie und strich mit ihren Fingern sanft darüber.

»Lass mich auch mal«, sagte Russell und berührte ehrfürchtig das weiche Leder. »Man kann die Magie darin förmlich spüren …«

»Und genau deshalb bringt ihr die Münze wieder zurück. Aber schnell, oder muss ich alles dreimal sagen?«

Schweren Herzens kehrten Johnny, Russell und Millie noch einmal auf den Friedhof zurück.

»Wo genau hast du sie gefunden?«

Millie deutete auf die Mauer, die den Schindanger vom übrigen Friedhof trennte. »Dahinter.«

Sie kletterte über die eingefallene Mauer, und die Geisterjäger folgten ihr. Millie ging bis in die hinterste Ecke, wo nur Brennnesseln und Bilsenkraut wuchsen, und deutete auf einen kleinen Flecken lockerer Erde.

»Genau hier hat sie gelegen«, sagte sie und legte die Börse wieder zurück. In diesem Moment schoss eine haarige Goblinhand aus dem Boden, packte den Geldbeutel und zog ihn nach unten. »Bah!«, schrie Millie erschrocken und sprang zurück.

»Himmel, das war knapp«, stöhnte Russell. »Stell dir vor, er hätte dich samt Geldbörse nach unten gezogen.«

Johnny nahm Millie am Arm und zog sie mit sich fort. »Hat er aber nicht«, sagte er.

»Der Natternstab hat ihm Respekt beigebracht«, grunzte der Schädel.

Die Geisterjäger begleiteten Millie bis zu ihrem Garten.

»Wir sehen uns morgen in der Schule«, sagte Millie.

»Ja, bis morgen!«, sagten die Jungs und machten sich auf den Heimweg.

25. Kapitel

Das Ende vom Anfang

Johnny und Russell liefen die kopfsteingepflasterte Straße hinunter. Sie waren noch nicht weit gekommen, als Russells Handy klingelte.

»Meine Mutter«, knurrte er und nahm das Gespräch an. »Hi, Mum! ... Was? Das ist unmöglich ... Nein, ich schwöre! Du weißt schon, dass jeder Mensch einen Doppelgänger hat, oder? Ach, du hast mit ihm gesprochen? Ja, ich habe auch schon gemerkt, wie vergesslich Bernis Vater geworden ist. Was heißt,

das kann er unmöglich vergessen haben? Wir haben gezeltet, ehrlich ... Echt? ... Oh! ... Reg dich nicht auf, Mum. Ich bin gleich zu Hause und erkläre dir alles! Ich habe Dad gerettet. Nein, wirklich! Frag ihn doch. Frag, ob ihm sein Zeh noch immer wehtut. Ja, bis gleich, Mum.«

Johnny grinste schief. »Das klang, als hätte es besser laufen können.«

»Shit!«, fluchte Russell. »Warum hat Bernie Shoemaker mir nicht gesagt, dass sie dieses Wochenende auf der Hochzeit seiner Tante sind? Na ja, ich hoffe, die Geschichte mit der Voodoo-Puppe kann sie besänftigen.« Russell lachte. »Ich werde aus dir einen Helden machen. Dank deiner Spürnase sind wir Bronzo auf die Schliche gekommen. Ich habe dir vom stechenden Zeh meines Vaters erzählt, und du hast spontan deine Hilfe angeboten. Klingt doch gut, oder?«

»Sehr gut«, bestätigte Johnny. »Aber ich fürchte, es wird nichts nützen.«

Er starrte auf die Zeitungen, die im Ständer vor dem Zeitschriftenladen standen.

Sie haben es wieder getan!, stand da in fetten schwarzen Buchstaben. *Johnny Sinclair jagt den Goblinmann!*, titelte der *Daily Scotsman*.

Johnny Sinclair und Russell Moore, die beiden Geisterjäger von Blacktooth, haben den Ort zum zweiten Mal ein Stück sicherer gemacht. Diesmal hatte es das Team um Johnny Sinclair nicht mit Geis-

tern, sondern einer Horde Goblins zu tun, die das Städtchen in Angst und Schrecken versetzten. Die Polizei tappte völlig im Dunkeln, bis das Geisterjägerduo sich der Sache annahm ...

Unter dem Artikel waren zwei Fotos, die Barty und Alfie von ihnen auf dem Friedhof gemacht hatten. Ein drittes Foto zeigte Johnny auf der Burg, wie er mit spitzen Fingern einen Goblinwams in die Höhe hielt.

»Hast du gewusst, dass Barty und Alfie auf der Burg waren?«, fragte Russell.

Johnny schüttelte den Kopf und ballte die Fäuste. »Diese miesen kleinen Ratten ...«

»Sie haben die Fotos an die Presse verkauft. Und dieser Rick Maduso hat einen reißerischen Artikel dazu geschrieben«, sagte Russell. »Er kam doch vom *Scotsman*, oder?«

Bevor Johnny antworten konnte, klopfte sein Handy.

»Jemand hat mir eine Sprachnachricht geschickt«, sagte er.

»Wer?«, fragte Russell.

Johnny lauschte. »Mrs Gardener. Sie hat wieder Probleme mit ihrem Ofen. Inzwischen faucht er nicht nur, sondern er heult. Sie möchte, dass wir uns die Sache mal ansehen.«

Russell grinste. »Ich würde sagen, das ist unser nächster Auftrag. Vielleicht sind Barty und Alfie doch keine so miesen Ratten ...«

»Doch, das sind sie!« Johnny war sich da sehr sicher. Sein Handy klopfte ein zweites Mal. »Ich sehe mir das später an«,

sagte er. »Jetzt muss ich flitzen, damit ich zu Hause bin, wenn meine Eltern zurückkommen.«

Die Freunde verabschiedeten sich, und wenig später saß Johnny im Bus Richtung Inverness. Er sah sich um, um sicherzugehen, dass ihn niemand beobachtete.

Dann fragte er so leise wie möglich: »Sag mal, wo hast du eigentlich den Natternstab her?«

Der Schädel, der noch immer in Johnnys Kapuze saß, räusperte sich. »Der Stab? Der wurde irgendwann in einer großen Kiste frei Haus geliefert.«

Es dauerte einen Moment, bis Johnny begriff, was der Schädel gebrummt hatte.

»Sag nicht, du hast den Stab von meinen Eltern gestohlen!«, sagte er drohend und verrenkte sich wie eine Brezel, um in seine eigene Kapuze gucken zu können.

»Pfui!«, antwortete der Schädel gekränkt. »Wie kannst du nur so schlecht von mir denken? Auch ein Schädel hat Gefühle!«

»Woher hast du ihn dann?«, knurrte Johnny, ohne auf die Gefühle des Schädels Rücksicht zu nehmen.

»Der Stab ist ein Fundstück. Er ist zuerst hinter das Lesepult gerollt und dann unter den Ohrensessel …«

»Ach so, er ist also einfach so aus einer Kiste gefallen. Schon klar! Und alles ohne dein Zutun. Oder hatte etwa der Highlander seine eiskalten Finger im Spiel?«

»Keine Ahnung«, erwiderte Erasmus. »Ich habe die Sache eine Weile beobachtet, und als ihn niemand vermisste, habe ich den Natternstab an mich genommen. Es dürfte klar sein, dass er bei mir besser aufgehoben ist als in irgendeinem Museum.«

»Schon«, gab Johnny zu. »Trotzdem müssen wir meine Eltern fragen, ob wir den Stab behalten dürfen.«

Der Schädel schnaubte verächtlich. »Natürlich, wenn du ihn unbedingt wieder loswerden willst ... Aber wehe, du jammerst, wenn mal wieder eine Horde Goblins hinter dir her ist.«

»Keine Sorge, mach ich nicht«, versprach Johnny. Und sah zufrieden auf sein Handy.

Sabine Städing liebt es, mit ihren Figuren in die unterschiedlichsten Welten abzutauchen. Die gebürtige Hamburgerin hat sich schon als Kind gern Geschichten ausgedacht und schreibt inzwischen erfolgreich für Kinder und Jugendliche. Nicht nur ihre Bücher rund um die kleine Hexe Petronella Apfelmus haben viele Fans. Mit Johnny Sinclair hat sie sich nun erstmals in den schottischen Highlands auf Geisterjagd begeben. Johnnys drittes Abenteuer ist bereits in Vorbereitung.

Mareikje Vogler, geboren 1981, machte eine Ausbildung zur Mediengestalterin und arbeitete mehrere Jahre in der Werbung. Später studierte sie an der Animation School in Hamburg Trickfilm und ist seit 2012 freiberuflich als Illustratorin und Designerin tätig. Mareikje Vogler lebt und arbeitet in Hamburg.

Ein paar Erklärungen und Zusatzinfos

Alchemie: eine frühe Form der Chemie, die v.a. im Mittelalter praktiziert wurde; neben der Herstellung von praktischen Stoffen wie Medikamenten hatten viele Alchemisten die Vorstellung, man könne aus unedlen Stoffen wie Blei Gold herstellen

Artefakt: In der Archäologie ist ein Artefakt ein Gegenstand, der von Menschenhand geschaffen wurde, also nicht natürlich ist

Athanor: ein spezieller Ofen, der von Alchemisten benutzt wurde

Baron Samedi: Name eines übernatürlichen Wesens im Voodoo-Kult, das oft als Skelett im schwarzen Anzug und mit Zylinder und Spazierstock dargestellt wird; Cécile spricht wegen seines Aussehens auch von Mister Tod

Ethnologe: ein Wissenschaftler, der die Lebensweise und Kultur bestimmter Völker und Bevölkerungsgruppen erforscht

Haggis, Neeps und Tattis: Nationalgericht der Schotten bestehend aus Schafsinnereien, Steckrüben und Kartoffelbrei

Kilt: karierter Faltenrock, der zur traditionellen schottischen Tracht der Männer gehört

Mambo: Ehrentitel einer Priesterin im haitianischen Voodoo

Medium: jemand, der mit der Welt der Toten in Verbindung treten kann

Porridge: Haferbrei, der u.a. in England und Schottland gern zum Frühstück gegessen wird

Pub: englisches Wort für Kneipe oder Wirtshaus

Schamane: Bei bestimmten Naturvölkern ist der Schamane jemand, dem magische Fähigkeiten zugesprochen werden und der mit Geistern in Verbindung treten kann; oft hat der Schamane daher die Funktion eines Priesters oder Medizinmannes

Scotland Yard: Londoner Polizeibehörde

Séance: eine Sitzung, bei der eine Gruppe von Personen über ein sogenanntes Medium mit der Welt der Toten und des Übernatürlichen (z.B. mit Geistern) in Kontakt tritt

Vandalen: eigentlich ein ostgermanischer Volksstamm; im sprichwörtlichen Sinn ist ein Vandale ein zerstörungswütiger Mensch

Voodoo: ein magisch-religiöser Geheimkult, der ursprünglich aus Westafrika stammt und heute v.a. auf Haiti praktiziert wird

Auserwählt, um über den Dschungel zu herrschen

Robin Dix
TIGERHERZ
Der Prinz des Dschungels
Band 1
224 Seiten
mit zahlreichen
Abbildungen
ISBN 978-3-8339-0391-5

Tief verborgen im Regenwald wächst der junge Tiger Raja heran. Eines Tages soll er König werden, doch Eisenkralle, der finstere Bruder seines Vaters, will den Thron für sich selbst.
Und so beginnt eine gnadenlose Jagd auf Raja. Einzig der kluge Gecko Biru steht ihm zur Seite. Ihr Ziel ist die Insel der Schatten. Dort soll Raja seine Ausbildung zum Jäger beenden, um Eisenkralle die Stirn zu bieten. Doch der Weg dorthin ist weit und voller Gefahren ...

Der spannende Auftakt der großen Dschungel-Saga

Baumhaus

»Das ist eure Aufgabe: Findet heraus, ob es das Ungeheuer wirklich gibt!«

Richard Dübell
LAST SECRETS - DAS RÄTSEL VON LOCH NESS
Band 1
208 Seiten
mit zahlreichen Abbildungen
ISBN 978-3-8339-3925-9

Eigentlich sind Franziska und Fynn ganz normale 12-jährige Zwillinge. Doch sie haben ein Geheimnis, das sie nur mit ihren Freunden Lena und Cornelius teilen: Sie sind Nachfahren von Eugène Vidocq, dem ersten Detektiv der Welt! Nachts schleicht sein ruheloser Geist sich in ihre Träume und bittet sie um Hilfe: Die Kinder sollen die letzten großen Rätsel der Welt lösen! Ihre erste Aufgabe führt sie nach Schottland zum sagenumwobenen Loch Ness ...

Baumhaus

ATLANTIK
GREYMAN
CASTLE
CHURCHMOOR
MRS ADAMS'
HAUS
SCHULE
BLACKTOOTH
RUSSELLS
HAUS
HOTEL